400년 전, 그 법정에서는 무슨 일이 있었나?

출판은 사람과 나무 사이에서 이루어지는 가치 있는 일입니다.
도서출판 사람과나무사이는 의미 있고 울림 있는 책으로 독자의 삶을
좀 더 풍요롭게 하기 위해 최선을 다하겠습니다.

GARIREO SAIBAN

by Ichiro Tanaka

ⓒ 2015 by Ichiro Tanaka

First published 2015 by Iwanami Shoten, Publishers, Tokyo.

This Korean edition published 2018

by Between Human & Tree, Goyang City

by arrangement with the proprietor c/o Iwanami Shoten, Publishers, Tokyo

400년 전, 그 법정에서는 무슨 일이 있었나?

갈릴레오 재판

다나카 이치로 지음 · 서수지 옮김

사람과
나무사이

Nikolaus Kopernikus

"결국 우리는 태양 그 자체를
우주의 중심에 놓을 것이다."

— 니콜라우스 코페르니쿠스

저자 서문

　　지동설을 주장했다는 죄목으로 1633년에 로마 교회의 종교재판에 회부되어 유죄 판결을 받았던 갈릴레오 갈릴레오의 이야기는 과학자를 덮친 수난의 이야기로 입에서 입으로 전해져왔다. 또, 판결 직후 갈릴레오가 '그래도 지구는 돈다'라고 혼잣말로 중얼거렸다는 이야기도 완고하게 진실을 거부하던 종교인과 싸운 영웅 과학자 갈릴레오 갈릴레이의 이미지를 만드는 데 일조했다.

　이단 심문소(Inquisicion)가 갈릴레오에게 내린 판결은 판결 이튿날에 바로 감형되었지만, 무기한 투옥이라는 무거운 벌이었다. 이 이상하리만치 엄격한 판결을 두고 갈릴레오의 재판에 대해 지금까지 왈가왈부 말이 많았다. '잘못된 재판'이었다거나, '누명'이었다거나, 심지어 로마 교회와 갈릴레오 '어느 쪽에도 죄가 없다'는 양비론까지 다양한 주장이 쏟아져 나왔다. 갈릴레오는 태양이 중심에 있고, 지구가 그 주위를 돈다는 지동설을 주장했다. 오늘날 우리는 그의 주장이 옳다는 사실을 알고 아무런 거부감 없이 받아들인다. 사실 '잘못된 재판'이라거나 억울한 '누명'을 뒤집어썼다는 의견 중 대부분은 법정 밖에서 벌어진 묘한 힘겨루기나 뜬소문에 지나치게 큰 비중을 두었다는 생각이 든다.

갈릴레오는 이단 혐의로 기소되었고, 재판이 종료될 때까지 법정 밖에서 온갖 편지와 투서가 이리저리 날아다녔다. 당시 갈릴레오는 토스카나 대공 직속 수석 수학자 겸 철학자로, 토스카나 대공국의 로마 주재 대사와 로마 교황이 갈릴레오 사건을 두고 교섭을 거듭하기도 했다. 당시 종교재판이 어떻게 진행되었는지를 상세하고 정확하게 알려주는 자료는 많지 않다.

종교재판이라는 이름이 붙었지만, 재판은 재판인지라 나름대로 규칙과 판례가 있었다. 그런데도 법의 테두리에서 크게 벗어나 면죄부를 줄 수는 없었다는 당연한 사실을 간과하는 사람이 많다. 어쩌면 의도적으로 무시했을 수도 있다. 이러한 사고방식의 배후에는 종교재판 판결이 법정 밖에서 은밀하게 오간 뒷거래에서 벗어나지 못하며, 소문을 믿던 교황을 비롯한 로마 교회 권력자들의 손바닥 안에서 이리저리 놀아났다는 생각이 은연중에 깔려 있다. 이단 혐의로 기소된 사람의 운명은 최고 성직자의 손에, 혹은 그들의 변덕에 온전히 맡겨졌다고 믿었던 셈이다.

'잘못된 재판'이든 '누명'이든 재판 절차를 꼼꼼히 따져보고 판단해야 하며, 재판으로(물론 현대의 재판이 아니라 종교재판이라는 관점에서 바라보았을 때) 실제로 무슨 일이 있었는지를 분명히 밝혀내자는 게 이 책의 목적이다. 그러나 이런저런 사정으로 이미 여러 연구서가 출간되었음에도 갈릴레오 재판은 최근까지 충분한 검토가 이루어지지 못했다. 제1장에서 다시 자세히 이야기하겠지만, 나폴레옹 보나파르트의 어리석은 행동과 분탕질로 재판 자료 상당수가 소실되었다는 안타까운 현실을 염두에 두어야 한다. 다행히 소실되지 않고 용케 살아남은 재판 자료도 판결문 등을 제외하면 최근까지 바티칸 비밀문서고 밖으로 반출이 허용되지 않았다.

판결문 외의 주요한 재판 기록은 19세기 말부터 20세기에 걸쳐 안토니오 파바로(Antonio Favaro)가 편찬한 『국정판 갈릴레오 갈릴레이 전집(Le opere di Galileo Galilei)』에 담겨 있다. 이 전집은 이탈리아 통일을 목표로 내건 이탈리아 왕국군이 바티칸을 점거했던 1870년 이후의 혼란기에 특별 허가를 받았던 파바로가 바티칸 비밀문서고의 방대한 자료를 취사선택해 한 권의 책으로 엮어 만들어졌다.

이러한 상황에 변화의 물꼬를 튼 사건이 일어났다. 1979년 11월 10일, 당시 로마 교황이던 요한 바오로 2세의 「갈릴레오 갈릴레이의 위대함을 만인이 알 수 있도록 하라」라는 강론이 마중물 역할을 했다. 바티칸 궁전에서 열린 아인슈타인 탄생 100주년 축전 도중에 있었던 강론으로, 이 책에서 검토하려는 갈릴레오 재판에 중요한 분기점이 되었다.

이 강론을 계기로 1980년에 갈릴레오 사건 조사 위원회가 설치되었다. 그때까지 바티칸 비밀문서고에 소장되어 외부인 열람을 허락하지 않았던 갈릴레오 재판 기록이 비로소 세상의 빛을 보게 되었기 때문이다. 재판 기록 공개가 어떠한 결과를 가져왔는지를 말하기 전에, 강론 내용을 요약해서 이야기할까 한다.

요한 바오로 2세는 과학적 진리와 신앙은 대립해서는 안 되며, 또 과학의 분야에 속한 학설에 교회가 이러쿵저러쿵 토를 달아서는 안 되고, 신학자는 학설에서 도출되는 과학적 진리와 신앙의 진리와의 조화를 모색해야 한다고 말했다. 요컨대 과학적 진리와 『성서』의 기술이 다르다면 『성서』를 글자 그대 해석하지 않고 이면에 숨겨진 의미를 찾아내 해석해야 한다는 갈릴레오의 주장을 교황의 입으로 인정한 셈이다.

갈릴레오 사건 조사 위원회가 작성한 보고서는 1992년 10월 31일에 제출되었고, 같은 날 교황은 「신앙과 이성의 조화」라는 제목으로 강론했다. 조사 위원회는 재판 관련자들이 올바른 신앙의 소유자들이었지만 코페르니쿠스의 지동설을 금지해야 한다는 의무감에 사로잡혀 갈릴레오에게 유죄 판결을 내리는 크나큰 실수를 저질렀다는 결론을 내렸다. 교황도 과거 교회가 과학 연구 대상으로 삼아야 할 문제를 신앙과 관련된 교리 문제 속으로 가져오는 잘못을 범했다고 인정하며 반성했다.

하지만 이러한 보고와 강론은 역사적 사실에 대해서는 아무것도 가르쳐주지 않는다. 1633년에 이단 심문소가 갈릴레오를 단죄했을 때 재판이 어떻게 진행되었는지, 판결을 내리기까지 어떠한 증거를 채택했는지 등에 대해서는 여전히 오리무중이다. 교황 요한 바오로 2세의 강론으로 도리어 '잘못된 재판'이나 '누명'이라는 인상이 강해진 측면도 있다.

조사 과정에서 출간된 갈릴레오 재판 자료집은 약 400년이라는 시간을 뛰어넘어 지금까지 알려지지 못한 문서를 읽을 수 있는 길을 열어 주었다. 바티칸 비밀문서고뿐 아니라 신앙교리성 (Congregatio pro Doctrina Fidei) 및 바티칸 도서관에서는 그동안 공표되지 못한 문서도 남아 있었다. 이 자료집 덕분에 그 모든 자료를 읽을 수 있도록 빗장이 풀렸다. 특히 자료집에서 밝힌 재판 관계자의 편지와 신앙교리성에 보관되어 있던 이단 심문소 의사록에는 기존의 갈릴레오 재판에 대한 우리의 이해를 수정해야 하는 증거가 담겨 있다. 그 덕분에 이 세기의 재판을 둘러싼 신뢰할 수 있는 시나리오를 재구성할 수 있게 되었다.

자료집은 모두 2권으로 구성되어 있다. 먼저 1984년에 바티칸 출판국에서 『갈릴레오 갈릴레이 재판 자료집』이 나왔고, 2009년이 되어 내용 면에서 1984년 자료집을 대폭 증보한 『갈릴레오 갈릴레이 재판 바티칸 자료집』이 같은 편집자의 손을 거쳐 출간되었다. 『국정판 갈릴레오 갈릴레오 전집』에는 재판 기록뿐 아니라 갈릴레오가 보낸 편지와 그가 받은 편지, 또 갈릴레오를 언급한 편지도 수록되어 있다. 이 전집과 자료집을 견주어 읽으며, 갈릴레오 재판에서 절차에 비추어 위법 행위와 일탈이 있었는지, 그의 신변에 무슨 일이 생겼는지를 검토하고, 이 재판에 새로운 설명을 부여하고자 한다.

갈릴레오 재판 진행 과정을 본격적으로 살펴보기 전에, 우선 나폴레옹이 접수했던 갈릴레오 재판을 포함한 종교재판 관련 바티칸 문서가 어떠한 운명을 맞았는지에 대해 잠시 살펴보자. 나폴레옹 수중에 떨어진 바티칸 문서도 갈릴레오 못지않게 굴곡진 인생길을 걸어야 했다. 당시 정치 상황에 따라 천덕꾸러기처럼 이리저리 오가는 박복한 신세로 전락했던 바티칸 문서는 상당수가 뿔뿔이 흩어졌고, 운이 나쁜 경우 폐지로 분류되어 처분되거나 파기되었다. 종교재판 자료 중 무엇이 보존되어 있고, 무엇이 소실되었는지를 알아두는 데 의미가 있다. 다시 말해, 갈릴레오 재판의 진상 파악이 왜 이리 어려운지 어느 정도 짐작할 수 있다.

이어서 지금까지 남아 있는 문서를 통해 당시 종교재판 절차를 재현하고자 한다. 그 문서들을 살펴보고 갈릴레오 재판은 어떻게 진행되었는지, '잘못된 재판'이나 '누명'으로 비난받을 소지가 있는지를 꼼꼼히 따져보기로 하자.

빌라 메디치

산타젤로 성(카스텔 산타젤로)

바티칸 궁전

성 베드로 대성당

토스카나 대사 저택

감찰성
(검사성성, Suprema Sacra Congregatio Sancti Officii,
오늘날 신앙교리성의 전신)

퀴리날레 궁전
(Palazzo del Quirinale)

벨라르미누스 저택

판테온

트레비 분수

로마 기숙학교
(Collegio Romano,
오늘날 그레고리안 대학교의 전신)

캄포 데 피오리
(Campo de Fiori)

산타마리아 소프라 미네르바 성당
(Santa Maria sopra Minerva)

이 책의 주요 무대 (지도는 현재 로마 시가지)

저자 서문   006

1   갈릴레오를 사랑했던 나폴레옹 ──────── 017

2   종교재판 ───────────────── 033

3   은밀하게 다가오는 위기 ─────────── 057

4   서막 ─ 1616년 종교재판 ────────── 087

5   『천문대화』 ─────────────── 123

6   재판 개시 ──────────────── 161

7   제1차 심문 ─ 1632년 4월 12일 ──────── 173

8   제2차 심문 ─ 1632년 4월 30일 ──────── 195

9   제3차 심문 ─ 1632년 5월 10일 ─────── 207

10 판결 ─────────────────── 227

11 "그래도 지구는 돈다" ──────────── 243

주요 등장인물   260

저자 후기   264

주요 참고문헌   268

1

갈릴레오를 사랑했던
나폴레옹

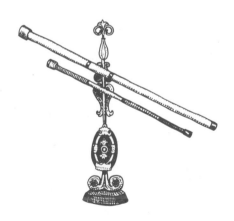

1798년, 나폴레옹 보나파르트가 이끄는 프랑스군이 로마 침공을 감행했다. 나폴레옹은 교황 비오 6세(Papa Pio VI, 재위: 1775년 2월 15일~1799년 8월 29일)의 퇴위를 촉구하고 로마 공화국 수립을 선포했다. 이후에도 프랑스군의 로마 점령은 간헐적으로 되풀이되었다. 급기야 1810년에 나폴레옹은 로마 교황청에 보관되어 있던 모든 문서를 몰수해 프랑스로 이송하라고 명령했다.

그해 2월, 최초로 바티칸 서고에서 문서가 반출되었다. 4월과 7월에는 이단 심문소에 보관되어 있던 문서가 약탈당했다. 프랑스 이송에 필요한 비용은 60만 루블로 추산되었는데, 당시 기준으로는 천문학적 액수였다. 프랑스에 도착한 문서의 양은 총 3,239상자, 책으로는 10만 2,435권에 달했다. 당시 특히 중요하게 여겨진 갈릴레오 재판 기록은 별도로 운송되었다. 갈릴레오 재판 기록이 프랑스에 도착한 후 이를 괘씸하게 여긴 교황 비오 7세는 나폴레옹을 파문한다는 칙서를 내렸다.

뜻밖에도, 나폴레옹이 프랑스로 가져온 바티칸 문서는 대중의 시선을 사로잡지는 못했다. 오히려 그가 1797년에 베네치아에서 가지고 돌아온 날개 달린 사자상이 더 많은 관심을 끌었을 정도였다. 나폴레옹은 그 점에 별로 신경 쓰지 않는 분위기였다. 바티칸 문서가 그에게는 이탈리아 침략의 전과를 과시하는 것과는 전혀 다른 차원의 문제라고 보았기 때문일 것이다.

나폴레옹은 갈릴레오 재판 기록을 책으로 엮어 출간하려고 했다. 그는 과학의 진보를 저해한 가톨릭교회의 무지몽매함을 대중에게 낱낱이 알리기 위한 도구로 갈릴레오 재판 기록을 활용할 속셈이었다.

18세기 후반부터 19세기 초반에 걸쳐 프랑스는 계몽주의 전성기를 맞이했다. 계몽주의자들은 당시 프랑스를 지배하던 귀족과 성직자들을 거세게 비난했다. 그들은 또 마땅히 과학적 합리주의에 따라 국가를 운영해야 하며, 신학 역시 과학의 합리성에서 벗어날 수 없다고 주장했다. 구체제를 대표하는 가톨릭과 성직자들에 대항하고자 했던 계몽주의자들에게 갈릴레오는 새로운 시대정신을 대표하는 상징적 인물로 받아들여졌다. 정복자 나폴레옹의 마음에도 계몽주의 정신이 살아 숨 쉬고 있었다. 그런 터라, 그는 당연하게도 이탈리아 침략과 이집트 원정 시 당대의 프랑스를 대표하는 과학자들을 거느리고 갔다.

이런 맥락에서, 계몽주의를 신봉하는 나폴레옹에게 갈릴레오가 겪어야 했던 모진 수난과 수모를 백일하에 드러내는 것은 가톨릭교회의 추잡함과 치부를 만천하에 공개하는 일이었다. 다시 말해, 나폴레옹의 갈릴레오 사랑에는 당대의 프랑스 지식인 사회가 공유하는 과학적 합리주의에 대한 신봉과 구체제 계급에 대한 반감과 증오가 고스란히 반영되어 있었다.

그런 분위기는 계몽주의를 대표하는 학자인 볼테르가 1734년에 출간한 책『철학서간(Lettres philosophiques sur les Anglais)』에도 잘 나타나 있다. 이 책에서 그는 이렇게 말했다.

갈릴레오를 벌한 무리는 틀렸다. 이단 심문관들은 하나같이 영혼의 바닥까지 속속들이 썩어 문드러진 후안무치한 작자들이었다.

볼테르는 같은 이야기를 1764년에 출간한 『철학사전(Dictionnaire philosophique)』의 「뉴턴과 데카르트」라는 항목에서 한 번 더 언급했다. 또 디드로와 달랑베르는 1765년에 함께 집필하여 출간한 『백과전서(Encyclopédie)』 제8권 중 「이단 심문소」라는 항목에서 성직자들을 다음과 같이 신랄하게 비판했다.

여든 살(사실은 예순일곱 살)의 위대한 갈릴레오는 지구의 운동을 발견했다는 죄로 이단 심문소의 눈 밖에 나 옥고를 치렀다. 무지가 권력으로 무장할 때만큼 인간의 본성이 추락하는 경우는 없다.

✤ 바티칸 문서의 매각

파리에 도착한 갈릴레오 재판 기록은 1811년 1월 나폴레옹의 개인 사서인 앙투안 바르비에(Antoine Alexandre Barbier, 1765~1825)의 손에 넘어갔다. 그해 3월, 바비에르는 재판 기록을 프랑스어로 번역해 출간하기 위한 예산안을 작성해 나폴레옹에게 제출했다. 다음의 내용은 번역 출간된 재판 기록에 서문 형식으로 바비에르가 쓴 글의 일부다.

17세기 가장 뛰어난 과학자 중 한 사람이 태양 주위를 지구가 돈다는 의견을 철회하라는 압박을 받았다. ……개방적이며 경건하기도 했던 갈릴레오는 『성서』를 제대로 읽으면 지동설이 『성서』에 어긋나지 않는다는 사실을 과학적으로 증명했다. 그러나 신학자들은 지동설이 자신들의 이익을 침해한다고 생각해 앞뒤 가리지 않고 갈릴레오에게 유죄를 선고하고자 혈안이 되었다. 갈릴레오 비판에 앞장섰던 신학자 중에는 18세기 말까지 그를 옹호하던 자도 끼어 있었다. ……수많은 사람과 나라를 정복한 나폴레옹 각하의 승리로, 유명한 재판을 날조한 문서까지 우리 프랑스가 소유하게 되었다. 이 서류들은 학식 있는 천문학자의 참된 신앙과 계몽을 보여주는 동시에, 그를 고발한 사람들의 배신과 무지를 명명백백하게 드러내고 있다. 이들 문서의 출판은 나폴레옹 각하의 통치와 시대정신을 공유한다. 일부는 라틴어이지만, 대부분 이탈리아어다. 그러므로 각 문서의 반대 페이지에 프랑스어 번역을 싣는 방안이 적합하리라 판단한다.

나폴레옹은 재판 기록 출판에 드는 총 7,000프랑의 예산안을 승인했다. 이후 본격적인 번역·출판 작업이 시작되었고, 아홉 개의 문서가 프랑스어로 번역되었다. 그중 하나가 교황과 이단 심문소의 추기경을 위해 작성한 1615년부터 1633년 5월까지의 재판 기록을 요약한 문서다.

이 책에서 주로 다루는 1633년 재판 당시 사무관이 작성한 문서다. 그 이외의 여덟 개 문서는 1616년의 종교재판과 관련된 내용이었다. 그런데 프랑스어 번역은 마무리되지 못했고, 결국 출간은 좌절되었다. 1814년에 나폴레옹이 실각하고 엘바 섬으로 유배당했을 뿐 아니라 번역을 가로막는 또 다른 걸림돌이 있었기 때문이다. 재판 기록을 살펴보니, 아무리 머리를 싸매고 고민해도 뜻을 알 수 없는 난해한 줄임말이 수시로 등장했다.

프랑스에서 왕정복고가 이루어지고, 1814년 4월에 루이 8세는 바티칸 문서를 모조리 돌려주겠다고 선언했다. 그러나 '구출 작전'은 부분적으로밖에 성공하지 못했다. 왜일까? 가장 큰 이유는 프랑스 정부가 형식적인 문서 반환에만 승인했을 뿐 운송에 드는 막대한 비용을 부담하지 않으려고 꼼수를 부렸기 때문이다. 로마 교황청에서 파견되어 파리를 방문한 마리노 마리니(Marino Marini)가 운송 비용의 일부를 부담해달라고 프랑스 정부에 읍소해야 할 정도였다고 한다. 아무튼, 이런 여러 정황으로도 나폴레옹이 1810년에 프랑스로 가져온 문서가 얼마나 방대한 양이었는지를 짐작할 수 있다.

바티칸 문서 중 이단 심문소의 집회 의사록, 이단 심문소에서 위탁한 도서 검열 판정, 금서목록은 모두 로마로 돌아갔다. 황당하게도, 그 이외의 문서 중 상당수를 운송 비용을 마련하기 위해 폐지업자에게 헐값에 팔아치웠다.(이 얼마나 황당하고 아이러니한 일인가!) 놀랍게도, 나폴레옹이 프랑스로 가져온 모든 문서의 3분의 2에 해당하는 어마어마한 양이었다. 이 손실은 인류가 수천 년의 역사를 통틀어 경험한 가장 비참한 사건 중 하나로 꼽을 만큼 엄청난 것이었다. 이때 소실된 문서 중 이단 심문소의 재판 기록 3,600권, 판결문 300권이 포함되었다.

병사들이 이단 심문소 건물에 불을 지르고 약탈하는 과정에 소실된 문서도 무척 뼈아픈 손실이다. 나폴레옹 군대가 로마를 점령했을 때 일어난 일이었다. 엎친 데 덮친 격으로, 프랑스 운송 도중 이탈리아 토리노 근교의 수로에 빠뜨린 문서도 빼놓을 수 없다. 게다가 프랑스에 도착한 뒤 야금야금 빼돌린 문서도 적지 않다.

다만 마리노 마리니가 1817년에 프랑스 총리 겸 외무장관으로 리슐리외 공작에게 보낸 편지를 근거로 대략적으로나마 소실 규모를 가늠할 수 있을 뿐이다. 리슐리외 공작 또는 리슐리외 추기경으로 알려진 이 인물의 본명은 아르망 장 뒤 플레시(Armand Jean du Plessis)다.

1810년에 나폴레옹은
로마 교황청에 보관되어 있던
모든 문서를 몰수해 프랑스로 이송하라고 명령했다.

리슐리외는 루이 13세 시절 재상을 지냈다. 그는 추기경인 아르망 장 뒤 플레시를 초대로 하여 5대째 내려오는 리슐리외 공작으로, 당시 프랑스를 대표하는 거물 정치인이었다.

교황 사절의 돈독한 신앙심을 악용해 많은 사람이 불경한 손으로 귀중한 문서를 빼돌렸다. 그중에서도 교황 칙서는 가장 중요한 문서 중 하나였으며, 율리우스 2세의 귀중한 칙서가 여기에 포함되었다. 그들은 불행한 템플기사단 재판 기록, 자크-베니뉴 보쉬에(Jacques-Bénigne Bossuet) 및 1682년 논쟁에 참여했던 여러 주교의 편지 원문에도 마수를 뻗었다. 종교의 적들은(그들이 가톨릭 교리의 적들이었다는 게 어제오늘의 일은 아니지만) 이 귀중한 문서들을 약삭빠르게 빼돌렸다. 그들은 얀센주의자가 프랑스에서 부적절하게 출간한 책들을 그 편지들과 비교해 교리를 취합한다는 핑계를 댔다(네덜란드의 신학자 얀세니우스가 주창한 교리를 신봉하는 사람들. 아르노와 케넬 등이 프랑스로 들여와 격렬한 교리 논쟁을 일으켰고, 주로 17~18세기 프랑스 수도원을 중심으로 종교운동으로 번졌다. 급기야 로마 교황으로부터 이단 선고를 받고, 교회를 분열시켰다는 이유로 정치문제로까지 발전해 루이 14세의 반감을 샀다. 얀센주의자들은 당시 인문주의에 물든 프랑스 가톨릭이 초대 기독교의 엄격한 윤리로 돌아가야 한다고 주장하며, 하느님의 은혜를 강조하고 인간의 자유의지를 부르짖었다. 특히 예수회 신학자들과 열띤 교리 논쟁을 펼쳤다. ─ 옮긴이). 소실된 문서가 겪어야 했던 운명과 비교하면 갈릴레오 재판 기록은 그나마 운이 좋았던 셈이다. 물론 이어서 살펴볼 갈릴레오 재판 기록에 얽힌 사연 역시 그리 단순하지 않다.

♣ 갈릴레오 재판 기록의 행방

우리가 문제 삼아야 할 문서는 갈릴레오 재판 기록이다. 마리니는 왕실 담당 대신인 피에르 루이 장 카지미르 드 블라카스(Pierre Louis Jean Casimir de Blacas) 백작에게 갈릴레오 재판 기록을 돌려달라고 요청하는 편지를 썼다. 루이 18세가 바티칸 문서를 반환하겠다고 약속하고 나서 얼마 후인 1814년 11월 20일의 일이었다. 블라카스 백작은 당시 프랑스 왕립 도서관장이던 바비에르에게 문의했다. 얼마 후 관련 문서를 소장하고 있다는 답장이 왔다. 블라카스 백작은 마리니에게 갈릴레오 재판 기록을 발견해 반환할 준비가 되었다는 답장을 보냈다. 마리니는 부랴부랴 백작의 저택을 방문했지만 만나지 못했다.

1815년 2월 2일, 편지 왕래를 거듭하고 마리니를 몇 번이나 헛걸음질 치게 한 블라카스 백작은 마리니에게 편지를 보냈다. 편지에 따르면, 국왕 루이 18세가 갈릴레오 재판 기록을 읽고 싶어 하여 문서는 지금 국왕의 서재에 있다고 했다. 국왕이 다 읽고 나면 즉시 반환하겠다는 약속도 언급돼 있었다.

불운하게도, 이듬해 3월에 나폴레옹이 엘바 섬을 탈출해 파리로 입성했다. 나폴레옹의 백일천하는 정치적 혼란을 불러왔고, 모든 것이 원점으로 돌아갔다. 그해 10월에 마리니는 파리로 돌아왔다. 제정이 붕괴하고 루이 18세가 복귀한 후의 일이었다. 그는 새롭게 왕실 담당 대신으로 취임한 프라델 백작에게 갈릴레오 재판 기록을 돌려달라고 또 한 번 편지를 썼다. 11월이 되어서야 프라델에게 서고를 이 잡듯 뒤졌으나 찾지 못했다는 답장이 돌아왔다. 이 편지가 갈릴레오 재판 기록을 추적할 수 있는 마지막 실마리가 되었다.

로마 교황청은 갈릴레오 재판 기록을 되찾으려는 노력을 멈추지 않았다. 교황은 마리니를 파리로 다시 파견해 수색 활동을 재개하도록 지시했다. 1817년의 일이었다. 마리니는 백방으로 수소문했지만 뾰족한 단서를 찾지 못했다. 결국, 그는 앞에서 짤막하게 소개한 리슐리외 공작에게 편지를 보내 재판 기록을 돌려달라고 간곡히 부탁했다.

갈릴레오 재판 기록 반환을 블라카스 백작에게 요구했고, 그가 몇 번이나 저에게 반환을 약속해준 사실이 있습니다. 그러나 안타깝게도 기록의 행방에 관한 실낱같은 단서조차 얻을 수 없었습니다. 각하께도 이미 말씀드렸지만, 교황 성하(비오 7세)께서는 그 누구보다 이 기록을 열정적으로 돌려받기 원하십니다. 교황 성하께서는 이 귀중한 문서가 교황청으로 돌아오기를 손꼽아 기다리십니다. 독실한 신앙심을 가지신 앙투안 백작(훗날의 샤를 10세)도 마찬가지입니다. 이 기록들을 모두 제게 돌려주기를 간절히 바라는 그분들의 소망과 종교적 열의가 각하의 마음에 온전히 전해지기를 바라옵니다. 그 기록들은 분명히 부적절하게 반출되었으므로 반드시 반환해야 한다는 지엄한 엄명이 내려졌다는 점도 고려해주시기를 바랍니다. 제가 각하 이외의 어느 대신에게 이 이상의 믿음을 기대할 수 있겠사옵니까? 리슐리외 백작의 선조는 가톨릭 역사상 '가장 저명한 추기경'이라는 영예를 누리고 계시지 않습니까?

그러나 마리니의 모든 노력은 헛수고로 끝났다. 그는 갈릴레오 재판 기록을 돌려줄 수 없다는 답변을 들었다. 흔적조차 찾을 수 없다는 것이 그 이유였다. 하는 수 없이 마리니는 모든 걸 포기하고 빈손으로 로마로 돌아가야 했다.

블라카스 백작의 미망인이 빈에 있던 교황 사절에게 전갈을 넣었다. 서신에는 깜짝 놀랄 내용이 담겨 있었다. 세상을 떠난 남편의 서재에서 갈릴레오 재판 기록을 발견했다는 반가운 소식이었다. 1843년의 일이었다. 블라카스 백작은 1830년 7월 혁명으로 샤를 10세와 함께 빈으로 망명했다. 얼마 후, 그는 그곳에서 숨을 거두었다.

아무튼, 우여곡절 끝에 갈릴레오 재판 기록은 바티칸 문서고로 돌아왔다. 루이 18세는 정말로 갈릴레오 재판 기록을 읽고 싶어 했을까? 블라카스 백작은 또 무슨 목적으로 문서 반환을 거절했을까? 이 점에 대해서는 자세한 사정을 알 길이 없다. 사건의 진상을 아는 블라카스 백작이 무덤에 들어갈 때까지 도통 입을 열지 않았기 때문이다. 나폴레옹이 약탈해 프랑스로 가져간 기록이 모두 반환되었는지 여전히 의문은 남아 있다. 그러나 안타깝게도 우리로서는 그 점을 명확히 확인할 방법이 없다.

애초에 나폴레옹이 의도한 대로 갈릴레오 재판 기록은 책으로 출간되지 못했다. 그러나 그의 의도와 노력이 완전히 헛된 것은 아니었다. 나름대로 몇 가지 공헌을 했기 때문이다. 그 부분을 잠깐 살펴보고 넘어가자.

1811년부터 1814년 사이의 갈릴레오 재판 기록에 접근할 수 있었던 소수의 사람이 있었다. 덕분에 비록 완결되지는 못했으나 프랑스어 번역이 이루어졌다. 그 결과, 운 좋게 번역판을 읽을 수 있었던 몇몇 사람들이 갈릴레오 재판에 관한 나름의 생각을 글로 남겼다.

그러나 그들의 목적이 교황청의 부정을 폭로하는 것이었다고 가정하면 공정한 평가는 기대할 수 없으리라. 또 세간의 관심은 갈릴레오 한 사람에게 집중되었다. 그를 제외한 피고인들에 대한 종교재판이 어떻게 진행되었는지 장님 코끼리 더듬듯 그저 짐작하는 수밖에 없다. 나폴레옹을 비롯한 당대 사람들의 눈에는 오직 갈릴레오밖에 보이지 않았다.

과학 연구가 개척한 새로운 세계에 등을 돌리고 권력에 빌붙었던 종교인, 과학 연구로 얻은 지식에 기반하여 『성서』를 재해석하고, 기독교를 개혁하겠다며 과감히 떨치고 일어나 싸웠던 과학자 갈릴레오, 비운의 주인공이 되었던 갈릴레오가 전부였다.

이 시대에 갈릴레오를 가톨릭교회와 맞서 싸운 '영웅'으로 간주하는 움직임이 두드러졌다. 나는 앞에서 볼테르와 그의 저서『백과전서』을 통해 이 점을 언급한 바 있다. 다시 말하자면, 이 시대에 '감옥에서 신음하는 영웅적 과학자 갈릴레오'라는 선명한 이미지가 만들어졌다. 그리고 한 발 더 나아가 '날조'된 종교재판이라는 신화가 18세기에 완성되었다. 나폴레옹은 그 신화의 열렬한 신봉자 중 하나였다. 그 신화는 현대인의 고정관념을 형성하며 '갈릴레오와 가톨릭교회와의 대립', 혹은 '과학과 종교의 투쟁'이라는 이미지로 이어졌다고 추정된다. 이 18세기에 만들어진 갈릴레오의 이미지에 관해서는 이 책의 뒷부분에서 다시 자세히 다루기로 하자.

2

종교재판

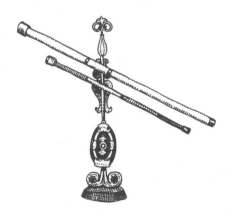

갈릴레오 재판을 파헤치려면 종교재판에
대한 올바른 사전지식이 필요하다. 당시 벌어진 종교재판의 목적
은 무엇이었는지, 구체적으로 어떻게 진행되었는지를 미리 확인
해둘 필요가 있다. 현대의 재판제도를 그대로 가톨릭 시대의 종교
재판에 적용하면 어이없는 오해를 낳을 수 있기 때문이다.

　현대의 재판과 종교재판은 완전히 다르다. 재판이라는 이름이
붙었지만, 사실상 별개의 제도라고 생각해야 좀 더 진실에 가까이
다가갈 수 있다. 먼저 결론부터 간략히 언급하자면, 갈릴레오가 억
울하게 누명을 쓰고 불공정한 재판을 받았다는 주장은 대부분 첫
단추부터 잘못 끼워진 결과였다. 앞에서 설명했듯, 법정 밖에서 오
갔던 암투나 소문에 지나치게 큰 비중을 두고 내린 잘못된 결론이
다. 오늘날의 재판제도와 당시의 종교재판 제도를 명확하게 구별
하지 못해 빚어진 오해로 볼 수 있다.

당시의 재판제도를 명확히 이해하는 것은 대단히 중요한 일이다. 그래야만 갈릴레오 재판이 어느 정도 선례에 따랐는지, 어떤 부분이 변칙적이었는지를 입체적으로 파악할 수 있기 때문이다. 그런 노력이 뒷받침될 때 갈릴레오에게 내려졌던 판결을 비로소 올바르게 이해할 수 있다.

그렇기는 해도 갈릴레오 재판의 진실을 그야말로 정확히 파악하기는 매우 어렵다. 아니, 단지 어려운 정도가 아니라 사실상 불가능하다고 할 수 있다. 왜냐하면, 제1장에서 밝혔듯 갈릴레오 재판을 제외한 재판 기록 대부분이 소실되었기 때문이다. 다만 우리는 우여곡절을 거친 후 운 좋게 살아남은 기록을 통해 종교재판이 어떤 방식으로 진행되었는지를 다소 어렴풋하게나마 살펴볼 수 있고 재현할 수 있을 뿐이다.

✦ 트리엔트 공의회

교황 바오로 3세(Paulus PP. III, 재위 1534년 10월 13일~1549년 11월 10일) 재위 중 소집된 트리엔트 공의회를 거쳐 로마에 이단 심문소가 설치되었다. 트리엔트 공의회는 1545년부터 1563년에 걸쳐 북이탈리아 트리엔트(현 트렌토, Trento)에서 개최되었다. 이 공의회의 본래 목적은 프로테스탄트와의 융화를 꾀하는 것이었다.

그러나 정작 프로테스탄트 측은 출석을 거부했다. 그 결과, 화합을 도모하려던 공의회가 도리어 프로테스탄트 규탄 집회로 변질되고 말았다. 이는 이단 타도에서 한발 더 나아가 프로테스탄트와 가톨릭교회 내부의 개혁파를 탄압하는 엉뚱한 결과로 이어졌다.

트리엔트 공의회 이후 본격적인 종교개혁 반대 운동이 시작되었다. 이교의 신들마저 당당하게 그림과 문학작품에 등장하던 르네상스 시대의 자유로운 분위기는 과거의 유물로 전락해버렸다. 시스티나 성당에 미켈란젤로가 그린 그리스도와 『성서』의 등장인물을 나체로 그린 그림도 모진 수모를 겪었다. 트리엔트 공의회가 아직 아무 결론도 내리기 전인 1559년에 민망한 부위를 노출할 수 없다며 허리 부분에 가리개를 두르는 일도 벌어졌다.

교황 권력 강화에 이단 타도는 필수였다. 그런 터라, 이단 심문소 설치는 예로부터 교단에 새로운 활력을 불어넣는 활력소가 되었다. 이단 타도를 내건 이단 심문소는 새로운 교단에 새로운 사명을 부여해주었다.

도미니코 수도회는 13세기 전반에 애초 탁발 수도사의 모임으로 설립되었다. 설립 초기에 이 수도회는 이단 심문에 관여하여 이교도 타도에 앞장선 탓에 '신의 개(Domini canes)'라는 조롱 섞인 별명을 얻기도 했다. 예수회는 스페인 출신인 이냐시오 데 로욜라(Ignacio de Loyola, 1491~1556년)가 1540년에 설립한 새로운 교단이었다. 이 교단은 17세기 전반에 유럽 각지에 로마 기숙학교(Collegio Romano)를 비롯한 여러 교육기관을 운영하며 학문의 세계에서 탄탄한 지위를 구축했다. 그러다 두 개의 교단이 이단 심문에 관여하게 되었다. 두 교단에 소속된 성직자들은 갈릴레오 재판에서도 단골로 등장한다.

『성서』는 글자 그대로 해석해야 하며 오로지 적절한 자격을 지닌 신학자만이 『성서』를 해석할 수 있다. 이는 트레리엔트 공의회가 내린 또 하나의 중요한 결론이었다. 신학자들이 속한 진영은 이 결정으로 큰 힘을 얻었다. 철학자들은 신학자들에게 밀려 납작 엎드린 채 몸을 사릴 수밖에 없는 처지가 되고 말았다. 당대 철학자들 중에는 오늘날 기준으로는 과학자라 불러도 손색이 없을 만큼 뛰어난 자질을 갖춘 사람들이 다수 포함되어 있었다. 갈릴레오 갈릴레이는 그러한 '과학자'들 중에서도 가장 대표적인 인물이었다. 갈릴레오는 자신이 직접 제작한 망원경으로 천문학 분야에서 눈부신 발견과 업적을 세웠다. 또한, 그는 열정적인 학문 활동을 통해 코페르니쿠스의 지동설이 타당하다는 확신을 얻었다.

갈릴레오는 관측으로 자신감을 얻었다. 그러나 그는 자신의 관측 결과와 『성서』의 기술이 모순되는 것처럼 보이는 상황에 종종 맞닥뜨렸다. 그럴 때면 그는 『성서』 해석을 수정하여 모순을 해결하려고 했다. 트리엔트 공의회의 결론과 당시 분위기를 고려해 갈릴레오는 좀 더 신중하게 대처하고 행동거지를 조심해야 했다. 그렇기는 해도 워낙 영민하고 자신감도 충만했던 갈릴레오는 자신의 발견을 의심하지 않았다.

트리엔트 공의회는 유럽에서 종교적 대립을 격화시켰다. 1618

년에 시작된 30년 전쟁을 일으키는 불쏘시개 역할을 했을 뿐 아니라 갈릴레오 재판에도 간접적으로 영향을 미쳤다. 공교롭게도 갈릴레오가 종교재판 법정에 섰던 1633년은 30년 전쟁이 한창이던 시기였다.

30년 전쟁은 국가 간에 벌어졌던 전쟁으로, 가톨릭과 프로테스탄트가 치열하게 대립하며 치러진 종교전이었다. 말하자면, 일종의 대리전 양상을 띤 셈이었다. 좀 더 구체적으로, 30년 전쟁은 스페인과 신성로마제국을 지배하는 합스부르크 가문과 프랑스를 지배하는 부르봉 가문과의 패권 다툼에서 비롯된 전쟁이다. 이 두 가문은 실질적으로 유럽을 지배하는 양대 세력이었다.

프로테스탄트 국가였던 스웨덴은 가톨릭 국가인 프랑스와 손을 잡았다. 그러자 로마 교황이 이 진영에 가담했다. 그 무렵 그는 이탈리아 도시국가 중 상당수를 지배하던 스페인 세력을 견제하려던 참이었다. 이런 흐름 속에서 종교적 대립과 정치적 대립이 복잡하게 얽혔다. 이 전쟁이 없었더라도 이탈리아 도시국가는 실질적으로 어느 쪽 세력의 속국이 될 가능성이 컸다. 교황은 두 세력 사이에 끼어 고래 싸움에 새우 등 터지는 신세가 되지 않으려고 안간힘을 썼다. 전쟁이라는 초강수를 두는 일조차 망설임 없이 선택할 정도로 그는 절박했다.

갈릴레오는 두 세력 사이에 끼어 이러지도 저러지도 못하는 교황의 고충을 이해했을까? 그렇지는 않았던 것 같다. 아무튼, 갈릴레오 재판과 그의 과학 연구 전반에 트리엔트 공의회가 짙은 그림자를 드리우게 된다.

✠ 이단 심문소

사람들은 대부분 이단 심문소가 바티칸이 있는 로마에만 있었다고 생각하는 경향이 있다. 그러나 사실 이단 심문소는 유럽 여러 나라의 여러 도시에 있었다. 이탈리아반도 밖인 스페인에도 포르투갈에도 이단 심문소가 존재했다. 다만 스페인과 포르투갈의 이단 심문소는 국왕의 권한과 지휘체계 아래에 있었으며, 로마 교회와 직접적인 관계를 맺고 있지 않았다. 로마의 이단 심문소는 교황권력이 이탈리아 국내에 머물렀던 당시 상황을 반영해 관할권이 로마로 한정되었다. 그런 터라, 로마 이단 심문소는 오로지 이탈리아만 통제할 수 있었을 뿐 유럽의 다른 지역에는 전혀 영향력을 행사할 수 없었다.

로마의 이단 심문소는 '검사성성(檢邪聖省, Sacra Congregazione del Sant'uffizio)' 또는 줄여서 '성성(聖省)'이라고 불렀던 교황청 기관 중 하나였다. 로마에서 벌어진 종교재판, 즉 이단 심문에서는 검사성성에 소속된 추기경이 이단 심문관을 맡았다. 이단 심문은 교황청이 임명한 이단 심문관이 이탈리아 각지에서 주관했으며, 이단으로 고발당한 사람을 피고로 세웠다. 이단 심문은 바티칸은 물론이고 피렌체에서도 이루어졌다.

우리는 이탈리아 각지에 이단 심문소가 설치되었다는 사실에 주목해야 한다. 검사성성이 있던 로마에서도 재판이 진행되었으나, 최종 판결은 바티칸 궁전 근처에 자리하고 있던 검사성성 건물에서 내려지지 않았다. 판결 장소로는 일반적으로 판테온 옆에 있는 산타마리아 소프라 미네르바 성당의 도미니코회 수도원을 선택했다. 그런 까닭에, 로마 이단 심문소를 판결이 내려지는 장소라는 의미로 해석하면 자칫 검사성성과 혼동하기 쉽다. 이단 심문소와 검사성성은 조직이라는 의미에서는 같다. 이 책에서는 기본적으로 참조하는 원문에 나오는 표기에 따라 구분해서 사용한다. 다만 본문 중에서는 '검사성성'이라는 용어를 사용하기로 한다.

일반적으로 검사성성은 열 명의 추기경으로 구성되었다. 이 기관이 다른 기관들과 결정적으로 다른 점은 교황이 대표를 맡는다는 데 있다. 말하자면, 교황이 이 조직의 서열 맨 꼭대기에 있는 것이다. 그런 터라, 검사성성을 교황청 내 최고위 기관으로 보는 데에 이론의 여지가 없다.

집회는 원칙적으로 일주일에 두 번 주로 오전 중에 열렸다. 수요일에는 교황이 출석하지 않은 상태로, 목요일에는 교황이 출석한 상태로 집회가 개최되었다. 1628년 이후 수요일 집회는 검사성성 건물이 아닌 산타마리아 소프라 미네르바 성당의 교단 지도자 관저에서 열렸다. 목요일 집회는 '총집회'라는 이름으로 구분해서 불렀다. 총 집회에는 교황이 배석했기에 교황의 편의를 위해 일반적으로 바티칸 궁전 또는 교황이 머물던 퀴리날레 궁전(Quirinal

오늘날 산타마리아 소프라 미네르바 성당

Palace, 현재 이탈리아 공화국 대통령 관저)에서 개최되었다.

교황 아래에 검사성성 장관(Maestro del sacro palazzo apostolico)이 배치되었는데, 장관직은 도미니코회가 독점하다시피 했다. 장관은 주로 방대한 문서를 주고받는 업무를 맡았고, 그 밖의 업무를 처리할 네 명의 사무관이 검사성성에 배속되었다. 사무관 대표는 총주임(Commissario Generale)을 맡았다. 대개 롬바르디아 출신의 도미니코회 신학자가 롬바르디아 지방의 이단 심문관으로 훈련받은 다음 그 자리에 취임했다. 이 총주임이 이단 심문에서 중요한 역할을 담당했다. 총주임 다음으로 중요한 자리인 차석에는 참여관(Assessore)으로 훈련받은 법률가가 취임했다.

그다음으로 서열 세 번째 직위가 검찰관(Fiscale)으로, 용의자를 기소해 압송하는 업무를 맡았다. 총주임과 참여관의 위계 서열에 대해서는 분명하게 말하기 어렵다. 상층부 보고는 참여관 권한으로 이루어졌으므로 참여관이 총주임보다 서열이 높다는 의견도 있다. 참여관이 심문을 맡기도 했지만, 그 경우에도 어디까지나 총주임의 지휘 아래에서 이루어졌다.

종교재판을 살펴볼 때는 공증인(Notaio)의 역할에 주목해야 한다. 어떤 의미에서 공증인은 네 번째 서열을 차지한다고도 할 수 있을 만큼 매우 중요한 자리다. 공증인은 현대의 공증인과 마찬가지로 법적 구속력을 지닌 문서를 작성하는 일을 했다. 이론적으로 공증인은 집회 의사록을 포함한 검사성성의 모든 활동 기록을 취합해 그 결정을 교령 등기부에 기재하는 업무를 도맡았다. 작성한 모든 문서에는 공증인이 정해진 서식에 따른 문구를 추가하고 서명했다.

이 공증인은 이따금 나태했다. 공증인 아래에는 대개 몇 명의 조수가 붙어 업무를 도왔다. 한데, 과도한 업무 탓인지 갈릴레오 시대에는 모든 기록을 하나의 서명으로 때우기도 했다. 우리는 공증인이 자신의 직무를 충실하게 수행하지 않았음을 집회 의사록 곳곳에서 찾아볼 수 있다. 마땅히 출석자 명부에 기재해야 하는 사무관의 이름을 생략한 문서가 수시로 등장한다.

이와 별개로, 고문이라 불렀던 두 개의 외부 지식인 집단이 집회를 보좌했다. 첫 번째 지식인 집단의 고문은 대부분 신학자와 교회법 및 시민법 전문 법률가였다. 그들 중 열에 아홉은 도미니코회 소속이었고, 나머지는 프란시스코회나 예수회 소속이었다. 도미니코회 소속 고문 중에는 검사성성 장관도 포함되어 있었다.

또 하나의 지식인 집단은 신학자로 구성되었는데, 자문 안건에 이단 사상이 포함되어 있는지를 판정하는 일을 맡았다. 1616년, 지동설을 주창한 니콜라우스 코페르니쿠스의 『천구의 회전에 관하여(De Revolutionibus Orbium Coelestium)』를 정정할 때까지 열람 정지시킨 장본인들이 바로 이 지식인 집단으로 추정된다.

사람들은 검사성성 업무를 통상 종교재판 진행으로 받아들이는 경향이 있다. 그러나 알고 보면 업무 대부분은 검열이 차지했다. 출판물을 단속하는 기관으로 1571년에 설치된 금서목록서성 (Sacra Congregatio Indicis = 금서성성)이 있기는 했다. 그러나 금서성성은 검사성성보다 하위 기관으로 출판 후에야 비로소 활동을 개시했다. 출판에 앞서 진행되는 필요한 허가 절차는 온전히 검사성성의 권한이었다. 이탈리아 각지에서 이루어지는 출판은 현지에서 파견된 이단 심문관의 허가를 받아야만 가능했다. 또 로마에서의 출판은 검사성성 장관이 허가를 내주었다.

✤ 종교재판이란 무엇인가?

종교재판은 오늘날 재판과 큰 차이가 있다. 가장 큰 차이는 일반적인 재판과 달리 종교재판은 유죄냐 무죄냐를 다투는 자리가 아니라는 점이다. 또한, 이단 심문관(로마에서는 검사성성 소속 추기경에 해당)이 재판관이자 검사로 일인이역을 수행했다는 점도 이색적이다.

게다가 피의자는 혐의가 풀릴 때까지 유죄, 즉 죄인으로 간주되었다. 오늘날에는 유죄가 확정될 때까지 무죄로 추정하는, 이른바 '무죄 추정 원칙'이 적용된다. 또한, 피의자에게도 일정한 권리를 보장해준다. 우리가 알고 있는 무죄 추정 원칙이나 기본적 인권이라는 사고방식은 근래에 들어 생긴 새로운 개념이다. 당시에는 이런 개념이 존재조차 하지 않았다. 인권 혹은 권리라는 게 있다 하더라도 천부적으로 주어지는 게 아니라 권력이 인정해야만 비로소 획득할 수 있는 성질의 권리로 여겨졌기 때문이다.

국왕은 귀족의 권리를 인정하고, 귀족은 신하의 권리를 인정한다. 마찬가지로 세례를 받은 사람은 신이 기독교 신자로 특권을 부여한다. 그러나 이단 사상을 품고 있거나 기독교 배교자는 그 즉시 신에게 받은 권리를 박탈당한다. 오늘날에는 당연하다고 인정되는 여타의 권리도 행사하지 못했다. 예를 들어 자신이 무슨 죄로 고발당했는지를 알 권리, 누가 나를 고발했는지 고발자의 이름을 알 권리, 변호사를 요청할 권리는 모두 종교재판에서 인정되지 않았다. 설령 변호사 동석이 허용되더라도 자칫 이단을 변호하는 사람도 이단 혐의를 받을 수 있었다. 그러므로 자신의 목을 내놓고 감히 변호를 자청할 만큼 용기 있는 사람은 없었을 것이다.

당시에는 재판 대부분이 서면으로 진행되었다. 이단 심문관을 포함한 검사성성 추기경들은 최후 판결을 내리는 그 순간까지 피고와 얼굴을 마주할 필요조차 없었다는 얘기다. 현대인의 기준으로 생각해보면 경악스러움 그 자체라고나 할까. 실제로 피고 심문은 검사성성 사무관의 업무로, 추기경들은 사무관의 보고를 바탕으로 판결을 내렸다.

종교재판은 목적마저 오늘날의 재판과는 확연히 달랐다. 현대의 재판은 특정 범죄 행위를 규명해 처벌한다는 목적을 가지고 있다. 그러나 종교재판은 피고가 이단 사상을 품고 있다는 사실을 깨닫게 하고, 동시에 속죄할 기회를 준다는 명목으로 이루어졌다. 한데, 이는 원론적인 이야기일 뿐 현실은 한층 더 가혹했다. 실제 종교재판은 단순히 양형을 확정하는 자리에 불과했다. 종교재판은 당시에는 재판 대부분이 서면으로 진행되었다.
실제로 피고 심문은 검사성성 사무관의 업무로,
추기경들은 사무관의 보고를 바탕으로 판결을 내렸다.

기독교의 정통성에서 이탈한 사상을 품은 사람의 영혼을 구제하고 교회와 화해를 실현한다는 목적에서 비롯되었다.

이중적인 의미에서 고해(자백이라고 바꿔 말해도 좋다)는 종교재판의 필수 절차였다. 이단 사상을 품었다고 자각하지 못한 피고에게 속죄는 무의미했고 구제의 은혜는 허락되지 않았기 때문이다. 또 이단의 대다수가 사상·신조 영역, 즉 내면의 문제에 속해 물적 증거가 빈약했다. 솔직하게 자백하지 않는 경우, 피고는 감옥으로 돌려보내져 강제로 참회의 시간을 가져야 했다.

어떠한 심문 수단으로도 자백을 얻지 못할 때는 고문이 자행되었다. 이 과정에 21세기 현대를 사는 우리의 눈에는 합법적으로 보이지 않는 온갖 수단들이 동원되었다. 당시 종교재판에서 고문은 제도화된 정식 수사 기법으로 여겨졌다. 고문은 이단 심문관의 재량에 온전히 맡겨져 있었다.

기본적으로 고문은 다음의 네 단계를 거쳤다. 첫째, 고문 기구를 보여주며 겁을 준다. 둘째, 감옥에 집어넣는다. 셋째, 알몸으로 결박한다. 넷째, 심문 중에 형틀에 매달아 고통을 가한다. 고문 집행인은 이 네 가지 단계를 착실하게 밟아간다.

이 부분에서 종교재판의 폐해가 여실히 드러났다. 설령 고문을 받아 강제로 자백했더라도 재판에서 피고에게 불리한 증거를 얼마든지 채택할 수 있었다. 피고가 고문으로 죄를 억지로 인정했으며, 저지르지도 않은 죄를 자백했다는 문구는 최종 판결문에 단 한

줄도 들어가지 않았다. 피고가 이단 사상을 버리겠다고 맹세하는 이단 포기 각서에도 마찬가지였다. 모든 것은 피고의 자발적인 고해라고 기록되었다. 실제 고문이 있었는지 여부를 판정하기도 어려웠다. 사정이 이렇다 보니, 1633년의 종교재판에서도 갈릴레오가 모진 고문을 받았을 거라고 추측하는 연구자도 없지 않다. 이 부분에 대해서는 뒤에서 좀 더 자세히 살펴보기로 하자.

어쨌든 자백을 얻어내거나 다른 증거로 유죄가 확정되면 다음 단계로 넘어갔다. 교회 내부, 혹은 공공장소에서 일요일에 조목조목 죄상을 낭독하고 유죄를 선고했다. 비교적 죄질이 가벼울 경우 참회와 단식, 근신, 순례, 공개 채찍형, 노란색 펠트 재질 십자가를 꿰맨 옷을 강제로 착용하는 등의 벌이 내려졌다. 가장 무거운 죄는 감옥에 갇히는 것이었다. 오늘날 기준으로 말하자면, 징역형에 해당한다. 투옥 기간은 일반적으로 8년 미만이었다. 다만 투옥에도 단계가 있어 자택 연금부터 시작해 단계적으로 무거워졌다. 자택 연금 이외에 발에 차꼬를 차고 지하 감옥에 갇히거나, 빵과 물만 먹으며 갇혀 지내는 벌까지 다양했다.

1633년 갈릴레오에게 내려진 형벌은 무기한 투옥이었는데, 나중에 평생 자택연금으로 감형되었다. 하지만 어느 쪽이든 당시 기준으로도 너무 무겁고 매우 이례적인 판결이었다.

죄 인정을 거부한 경우, 세속적 권력으로 이관되어 화형을 당하기도 했다. 화형은 로마에서는 캄포데피오리라는 광장 겸 시장에서 집행되었다. 공교롭게도 당시 로마 주재 프랑스 대사관이 이 광

부르노는 그런 8년 동안이나 투옥되어 지속해서
자백을 강요받았지만 끝내 죄를 인정하지 않은 탓에
괘씸죄로 산 채 태워지는 가혹한 처벌을 받았다.

장을 마주하고 있었다. 그런 터라, 화형으로 발생한 악취에 시달리던 프랑스 대사가 정식으로 민원을 제기했다는 기록도 남아 있다. 다행스럽게도, 화형이 그리 자주 벌어지는 행사는 아니었다. 1600년에 벌어졌던 조르다노 브루노(Giordano Bruno, 1548~1600)의 악명 높은 화형식은 어디까지나 예외에 속한다(이단으로 몰린 부르노는 알몸으로 산 채 화형에 처해지는 끔찍한 처형 방식으로 생을 마감했다. 일반적으로 화형을 집행할 때는 최소한의 자비로 연기에 질식해 의식을 잃은 채 죽을 기회가 주어졌다. 그러나 부르노에게는 그런 최소한의 자비도 허락되지 않았다. 8년 동안이나 투옥되어 지속해서 자백을 강요받았지만 끝내 죄를 인정하지 않은 탓에 괘씸죄로 산 채 태워지는 가혹한 처벌을 받았던 것이다. 부르노가 화형 당한 광장에는 빅토르 위고 등의 지식인들이 목숨 바쳐 사상의 자유를 수호한 위인을 기리는 동상을 건립했고, 오늘날까지 남아 있다. — 옮긴이).

✢ 종교재판의 여러 단계

이단 심문소가 설치되기 이전부터 이미 이단 심문이 이루어지고 있었다. 심문 절차는 13세기 교황 인노첸시오 3세(Innocentius PP. III) 시대에 체계화되었다. 그러나 인노첸시오 3세 시대에는 규칙의 상세한 부분까지 규정하지 않았으므로 시행착오를 거듭하며 이단 심문 절차를 마련했다.

이단 심문소는 철저하게 비밀주의를 고수했다. 한데, 이 비밀주

의가 규칙 정비를 지연시키는 요인으로 작용하기도 했다. 비밀주
의는 이단 심문소가 무소불위의 권력을 휘두르도록 눈 감아준 셈
이었다.

이단 심문관이었던 니콜라우스 에이메리히(Nicolas Eymerich, 1316~1399)라는 이름의 스페인 수도사가 1367년에 집필한 『이단 심문 지침서(Directorium Inquisitorum)』에는 상세한 절차가 기술되어 있다. 그러나 이 책이 로마에서 실제 이단 심문에 적용되었다고는 생각하기 어렵다. 로마에서는 다양한 선례가 방대하게 축적되어 있었고, 과거 유사 사안에서 어떠한 심리가 이루어졌는지를 충분히 알 수 있었으므로 이단 심문 절차가 엄격하게 갖추어져 있었다. 그런 터라, 규칙을 철저하게 준수한 종교재판은 없다 하더라도 나름의 격식을 갖추어 대체로 비슷한 절차로 진행되었다.

종교재판은 누군가를 이단으로 지목하며 시작되었다. 특정 인물이 이단 사상을 품고 있다는 소문이 퍼졌거나, 한 개인이 특정 인물을 고발하면 자연스럽게 재판으로 이어졌다. 한데, 실제로는 고발로 시작된 재판이 훨씬 많았다고 한다.

검사성성에 고발이 접수되면(로마 이외의 곳이라면 이탈리아 각지에 파견되어 있던 이단 심문관의 업무에 해당한다) 예비 심문이 시작되었다. 허위 고발도 종종 있었으므로 고발을 뒷받침하는 보충 증거가 있는지를 검토하는 과정이 필요했다. 증인을 소환해 증언을 듣거나, 상황에 따라 고발 당한 용의자를 소환해 심문하기도 했다.

이단 혐의가 확정되면 용의자는 피고 신분으로 바뀌었다. 피고는 이단 심문소로 소환되어 정식으로 재판이 이루어졌다. 피고는 구류 상태에서 재판을 받는데, 이 과정에 피고에게 불리한 증언을 할 증인의 본격적 심문이 시작되었다. 로마에서 이루어진 심문은 총주임이 지휘했다. 총주임 또는 참여관의 질문과 피고의 답변은 서면으로 기록되었는데, 사무관은 온갖 줄임말을 남발했다.

심문을 마치면 피고에게 기소 사유를 알려주었고, 유죄인지 무죄인지 답변하게 하는 기소 인부 절차에 들어갔다. 마지막으로, 피고는 사무관이 기록한 관련 기록을 낭독한 다음 서명했다. 갈릴레오 재판에서도 각각의 진술서 마지막 장에 자신의 자필 서명이 들어 있다는 사실이 확인되었다.

다음으로, 모든 증인이 다시 심문을 받는 절차가 진행되었다. 재심문이 끝나면 피고에게는 자신을 변호할 항변 기회가 주어졌다. 갈릴레오에게 주어진 항변을 위한 준비 기한은 8일간이었다.

이 단계까지 마치면 검사성성 사무관이 소송 기록을 요약한 보고서를 작성했다. 그런 다음 의견을 첨부해 고문과 이단 심문관을 맡은 추기경들에게 이관했다. 이 단계에서 추기경들은 피고의 의도를 추정했다. 필요하다면 피고가 이단 사상을 품게 된 경위를 규명하라는 결정도 내릴 수 있었다. 추기경들은 고문에게 전달받은 의견을 듣고 판결을 수요일 집회에서 심의로 의결했다. 필요한 경우, 다음 날 교황에게 승인을 요청하거나 교황의 재결을 받았다. 이 단계까지 추기경과 고문, 혹은 교황이 볼 수 있었던 문서는 사무관이 작성한 요약 보고서뿐이었다고 추정된다.

로마 교황이 출석하는 목요일 총집회는 세 부분으로 나뉘어 진행되었다. 첫 부분에서는 총주임과 참여관이 출석해 조사 개요를 설명하고 진행 상황을 보고했다. 그들이 퇴석한 뒤 전날 있었던 추기경 집회의 심의 내용을 검토하고 나서 최종 결정이 내려졌다. 결정은 일단 퇴장했다가 다시 입장한 총주임과 참여관에게 전달되었다. 이 결정이 형벌을 포함하는 판결이라면 이 시점에서 실질적으로 재판을 종료하고 형을 확정했다.

판결문은 관례에 따라 세 부분으로 구성되었다. 첫 번째 부분은 이단 내용에 관한 설명, 두 번째 부분은 검사성성에서 이루어진 심의 내용이었다. 마지막에는 사면과 권고와 형벌이 들어갔고, 속죄가 있었다. 어느 판결문에서나 검사성성이 미래의 판결을 변경할 권리를 보류한다는 문장으로 끝을 맺었다. 판결문 서두에는 검사성성의 이단 심문관 추기경 전원의 이름을 적었다. 그리고 마지막에는 실제로 집회에 출석한 추기경만 서명했다.

유죄 판결을 받아 죄인이 된 피고는 이단 사상을 버리겠다고 맹세하는 서약을 해야 했다. 이 서약을 하면 죄인은 죄를 용서받고, 다시금 가톨릭교회의 품으로 돌아올 수 있었다. 이 서약은 산타마리아 소프라 미네르바 성당에서 이루어지는 게 일반적이었다. 다만 중대한 이단의 경우 성 베드로 대성당에서 서약하기도 했다.

최종 단계는 판결문 공표였다. 종교재판에서 공표는 일반에 널리 알린다는 의미로 사용되지 않았다. 공표는 비밀리에 진행된 검사성성의 의사록이 틀림없으며, 공문서로 인정한다는 의미의 절차였다. 상세한 이단 내용을 일반에 알리는 과정은 불필요하게 여겨졌다. 이단 근절이라는 종교재판의 근본 목적과 맞지 않는다고 생각했기 때문이 아닌가 싶다.

1633년에 갈릴레오 갈릴레오에게 내려진 판결문은 이탈리아 전역의 이단 심문관과 유럽 각지의 궁정에 파견되어 있던 교황 사절, 그리고 대학교수들에게도 전달되었다. 갈릴레오 사례는 매우 이례적이었다.

3

은밀하게 다가오는 위기

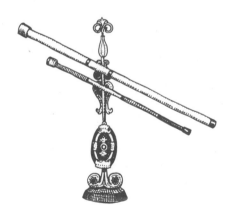

갈릴레오 갈릴레이는 1564년 2월 15일 토스카나 대공국의 피사에서 태어났다. 1574년, 갈릴레오는 어머니, 누이동생과 함께 가족을 피사에 남겨둔 채 피렌체로 이주했다. 그곳에서 그는 음악가인 아버지 빈센초 갈릴레오(Vincenzo Galilei)와 합류했다.

갈릴레오는 피사와 피렌체에서 초등교육을 받았다. 이후 피렌체 동쪽에 있는 발롬브로사 수도원(Vallombrosa Abbey) 부속학교에서 추가 교육을 받았다. 1581년에 그는 피사대학교 의학부에 입학했다. 갈릴레오는 대학을 3년 반 만에 중퇴했다. 대학에서도 상급학부로 진학하기 위한 기본 교육을 실시하는 학예학부에서 공부했을 뿐 의학교육을 받은 적은 없었다. 나중에 주요 연구 과제인 역학과 천문학을 학예학부에서 초보적인 개념 정도는 배웠을 가능성은 있지만 본격적으로 공부할 기회는 갖지 못했다.

대학을 중퇴하고 피렌체로 돌아온 갈릴레오는 아르키메데스의 저서에 의지해 역학 연구에 전념했다. 그리고 독학으로 공부한 성과를 책으로 펴냈다. 1586년에 그는 귀금속 무게를 측정하는 천칭 개량을 내용으로 하는 『작은 천칭』(영어 제목 The Little Balance)을, 이 듬해에는 『고체의 중심에 관하여』를 출간했다.

갈릴레오는 이러한 역학 연구를 인정받아 1589년에 피사대학교의 수학 교수로 취임했다. 그는 피사에서도 역학 연구를 계속했다. 다만 대학에서 그의 강의는 역학과는 아무런 관계도 없었다. 대학에서는 유클리드 기하학과 2세기 천문학자 클라우디오스 프톨레마이오스(Klaudios Ptolemaios, AD 83년경~165년경)의 저작에 주석을 다는 내용으로 강의를 채웠다. 강의 제목은 천문학 강의지만 우리는 그가 수학 교수였다는 사실을 잊지 말아야 한다.

아마도 강의 대부분은 기하학으로 채워졌을 것이다. 당시 우주의 구조에 대한 고찰은 철학자의 영역에 속했기 때문이다. 갈릴레오를 천문학 최전선에 서게 만든 사건은 그때까지 아직 일어나지 않았다.

1592년에 파도바대학교로 이적한 후 갈릴레오는 위대한 발견을 이룩하게 된다. 그는 진자의 등시성과 낙하체의 법칙을 발견했다. '진자의 길이가 일정하다면 진자가 흔들리는 진폭의 크기와 관계없이 주기는 일정하다.' 진자의 등시성 이론이다. 이 이론은 17세기 후반 시계 조속기(Governor, 調速機)에 응용된다.

자유 낙하 물체의 속도는 출발부터 경과 시간에 비례하고 낙하

갈릴레오 갈릴레이(1624년 초상화, 오타비오 레오니(Ottavio Leoni) 그림)

거리는 시간의 제곱에 비례한다는 물체의 낙하 운동 법칙은 근대 과학 발전의 출발점이 되었다. 갈릴레오가 천문학 연구에 본격적으로 매달린 시기는 파도바대학교 시절을 마무리하려던 무렵이다. 그 시기에 갈릴레오는 망원경이라는 최신 과학기구를 손에 넣으면서부터 천문학 연구에 몰두하기 시작했다.

갈릴레오가 망원경으로 이룩한 천문학적 발견 중 목성 위성에 '메디치의 별(Medician Stars)'이라는 이름을 붙인 기념비적 사건에 특히 주목할 필요가 있다. 그는 1610년에 메디치 가문이 지배하는 고향 토스카나 대공국으로 보금자리를 옮겼다. 토스카나 대공 전속 수석 수학자 겸 '철학자'로 초빙된 것이었다. 이 철학자라는 직함은 갈릴레오가 간절히 열망하고 갈구한 결과 얻은 성과였다. 그는 이 소중한 직함을 발판으로 삼아 오랜 숙원이었던 우주 구조를 논할 자격을 얻게 되었다.

✦ 고대 천문학의 위기

갈릴레오는 대학에서 천문학을 본격적으로 공부할 기회가 없었다고 앞에서 이야기했다. 설령 그가 천문학을 배웠다 하더라도 별다른 도움이 되지는 못했을 것이다. 그가 살던 시대에 대학에서 가르쳤던 천문학은 고대 권위자들의 학설을 앵무새처럼 반복하듯 가르치는 수준에 지나지 않았기 때문이다. 우주를 관측해 새로운 이론을 제시하고 지식을 더하는 강의는 이루어지지 않았다. 갈릴레오가 피사대학교와 파도바대학교에서 배웠던 강의 내용도 별반 다르지 않았다.

당시 대학에서 가르치고, 또 일반에서도 널리 믿는 학설은 '천동설'이었다. 천동설은 지구가 우주의 중심이고, 태양과 달과 다른 행성이 지구 주위를 돈다는 주장이다. 이 천동설은 우리의 일상 경험과 일치한다. 게다가 고대 그리스 시대의 위대한 철학자 아리스토텔레스가 철학적으로 뒷받침해주었다.

아리스토텔레스에 따르면, 신성한 천체에는 완전한 도형인 원 또는 구와 완전한 운동인 등속운동이 적합하다. 그러므로 이 우주는 지구를 중심으로 한 동심원 안에 꼭 맞게 들어간 천구로 구성된다. 태양과 달과 행성은 천구를 따라 움직이며 지구 주위를 같은 속도로 회전한다. 또한, 이 우주는 달을 기준으로 위와 아래인 두 개의 이질적인 세계로 구성된다. 생성과 소멸은 오직 달의 아래 세계에서만 일어나고, 달의 위 신성한 세계에서는 만물이 불변한다. 이러한 아리스토텔레스의 주장은 이교 냄새를 풍기는 내용만 슬쩍 빼고 교묘하게 기독교에 편입되었다.

프톨레마이오스는 아리스토텔레스 이후 천동설에 바탕을 두고 행성의 움직임을 설명하기 위해 이런저런 시도를 했다. 상식적으로 잘못된 이론이라면 제대로 된 달력을 만들기 어려울 것이다. 그러나 프톨레마이오스는 피나는 노력으로 실제로 사용할 수 있는 실용적인 달력을 만들어냈다.

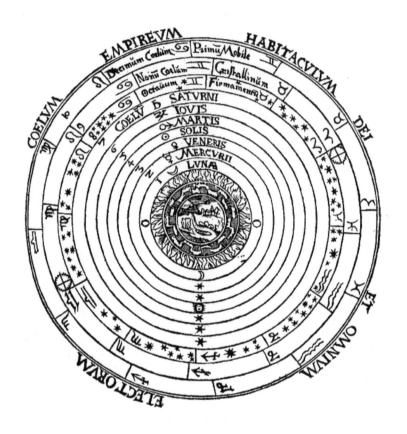

천동설의 우주
지구가 중심에 있고, 그 주위를 달, 태양, 행성이 돌고 있다.

물론 달력에는 하지와 동지, 춘분과 추분, 월령뿐 아니라 행성의 위치 예보도 포함해야 했다. 프톨레마이오스의 체계에서는 행성은 지구를 중심으로 등속도로 회전하는 거대한 천구 상의 한 점을 다시 중심으로 삼는다. 그리고 역시 등속도로 회전하는, 주전원(Epicycle, 周轉圓)이라 부르는 작은 천구를 따라 운행한다. 지구는 이 큰 천구의 중심에서 한참 떨어진 곳에 있다.

프톨레마이오스는 지구는 회전운동의 중심이 아니라고 추정했다. 행성은 실제로는 태양 주위를 타원 궤도를 그리며 돌기 때문에 근일점(Perihelion, 近日點, 태양 주위를 도는 천체가 태양과 가장 가까워지는 지점_옮긴이) 부근에서는 빠르게, 원일점(Aphelion, 遠日點) 부근에서는 느리게 움직인다. 하지만 그 행성이 지구 주위에 원을 그리며 등속도로 회전한다는 가설을 받아들일 경우 오류를 보완할 장치가 필요했다.

프톨레마이오스 달력은 실용적이었지만 여전히 해결하지 못한 문제를 안고 있었다. 첫째, 프톨레마이오스 우주 모델은 아리스토텔레스의 주장에 따라 지구를 우주의 중심에 둔다. 천체는 등속 원운동을 한다고 생각했으므로 이론이 복잡하게 꼬일 수밖에 없었다. 정확한 관측 결과가 쌓이며 반복해서 수정해야 했고, 수정할 때마다 천문 계산도 한층 복잡해졌다.

또한, 혜성과 신성이 출현하며 아리스토텔레스가 그린 우주상에 끊임없이 의문을 제기했다. 혜성과 신성은 어느 시대에나 출몰

했지만, 아리스토텔레스는 이들을 달보다 아래에서 벌어지는 기상 현상으로 간주했다. 달보다 위의 신성한 세계에서 변화는 있을 수 없다고 생각했기 때문이다.

1577년, 커다란 혜성이 몇 달 동안이나 관측되었다. 관측 결과, 달보다 위에 있다는 사실이 밝혀졌다. 신성 역시 1572년과 1604년에 초신성이 출현해 달보다 위에 있다는 사실이 분명히 밝혀졌다. 이러한 관측 결과는 아리스토텔레스의 주장을 부정하는 증거였다.

고대 천문학의 재고를 촉구하는 또 다른 사건도 일어났다. 갈릴레오가 태어나기 직전 무렵, 달력 개정 문제가 급부상했다. 당대의 사람들은 BC 45년에 율리우스 카이사르가 측정한 율리우스력을 사용했다. 율리우스력에서는 한 해의 길이를 실제보다 약 11분 긴 365.25일로 잡았다. 측정을 시작한 지 1,000여 년이 지나며 오차가 차곡차곡 쌓이자 달력과 실제 계절의 차이가 무시할 수 없는 수준으로 벌어졌다.

이 문제는 새 달력이 해결해주었다. 1582년에 제정되어 오늘날까지 사용하는 그레고리력(Gregorian Calendar)이 1년의 길이를 정확하게 측정하며 문제는 말끔히 해결되었다. 달력 개편 문제는 천동설과 지동설 둘 중 어느 주장이 옳은지를 가르는 문제와는 별개였다. 그러나 어쨌든 이 문제는 교회 관계자의 관심을 천문학으로 돌리는 역할을 했다.

1543년에 니콜라우스 코페르니쿠스는 『천구의 회전에 관하여』

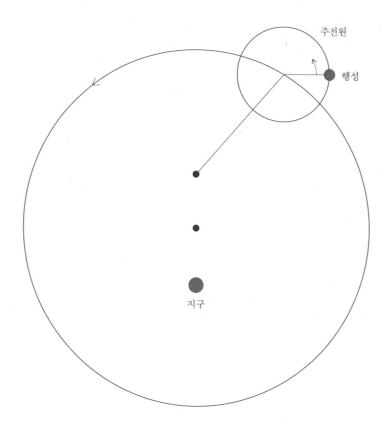

주전원

행성

지구

주전원과 행성의 운행

라는 저서에서 지동설을 공표했다. 그는 이 책의 서장에 다음과 같
이 썼다.

교회력 개혁 문제를 다룰 때 일 년과 한 달의 길이, 태양과 달의
운동을 아직 정확하게 관측하지 않았다는 이유만으로 당시부터 해
결되지 않은 문제로 남아 있다. ……나 역시 이 문제를 더욱 정확히
관측하고자 결심했다.

달력 개정 문제는 폴란드의 한 도시 프롬보르크의 대성당 참사
회원이었던 코페르니쿠스가 우주에 대해 생각하는 계기를 마련해
주었다.

✦ 천문 관측을 시작하다

갈릴레오는 마흔다섯 살 되던 해 그를 종교재판의 수렁으로 이
끄는 천문학 연구를 본격적으로 시작했다. 그가 파도바대학교 교
수로 일하던 시절인 1609년 말 즈음이었다.

그해 여름, 베네치아에서 망원경이 발명되었다는 소식을 풍문
으로 전해들은 갈릴레오는 소문에 의지해 망원경 제작에 착수했
다. 오늘날 갈릴레오 갈릴레이가 망원경을 발명했다고 오해하는
사람이 많다. 그러나 이는 사실이 아니다. 갈릴레오가 망원경을 직

접 만들어 사용한 것은 맞지만, 그가 맨 처음 망원경을 발명한 것은 아니기 때문이다. 갈릴레오가 파도바대학교에서 천문 관측을 시작하기 전에 이미 망원경이 발명되어 있었다. 좀 더 자세히 말하자면, 갈릴레오가 천문학 연구를 시작하기 몇 년 전에 이미 네덜란드에 망원경 특허가 신청되어 진귀한 장난감으로 팔리고 있었다.

비록 갈릴레오가 최초로 망원경을 발명하지는 않았지만, 그는 망원경 발전에 크게 이바지했다. 갈릴레오가 살던 시대에 그 이외의 누구도 그가 최종적으로 만든 30배 고배율 망원경을 재현해내지 못했다. 한발 더 나아가, 망원경으로 하늘을 바라본다는 발상을 한 사람은 거의 없었다. 그런 터라, 망원경이 이룩한 천문학적 발견이 갈릴레오를 일약 유럽을 대표하는 최고 천문학자라는 영광스러운 지위로 그를 끌어올려주었다. 동시에 이 발견은 훗날 그를 종교재판이라는 불행한 길로 이끌었다.

천문 관측을 시작한 지 얼마 지나지 않아 갈릴레오는 달에 있는 산과 골짜기를 발견했다. 물론 달을 관찰하면 특정한 모양을 식별할 수 있다는 정도는 누구나 알고 있었다. 하지만 아리스토텔레스 이후 신성한 천체에도 완전한 도형인 구가 적합하다는 믿음이 퍼져 있었다. 달에서 관측할 수 있는 울퉁불퉁한 모양은 표면의 밀도 차이로 발생했다고 해석했다. 그런데 관측 결과 달 표면은 매끈하지도 완전한 구를 이루지도 않는다는 사실이 밝혀졌다.

이듬해인 1610년, 갈릴레오의 망원경은 목성으로 향했다. 얼마 지나지 않아 그는 목성에 위성이 있다는 사실을 발견했다. 1월

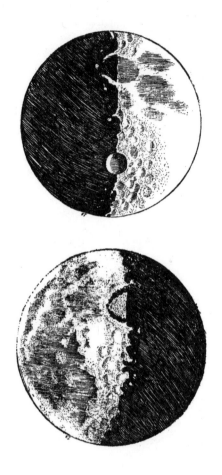

갈릴레오 갈릴레이가 그린 달 표면 스케치

7일 관측에서는 목성 주위를 도는 위성이 3개밖에 보이지 않았다. 그러나 12일에는 4개의 위성을 발견했다. 그는 3월 2일까지 관측을 계속했고, 관측 결과를 토대로 목성 주위를 도는 위성이 4개라는 결론을 얻었다. 그는 같은 해 3월에 출간한『시데레우스 눈치우스(Sidereus Nuncius)』라는 책에서 관측 결과를 발표했다.

우리의 예상대로, 그의 이 위대한 발견에 대한 반론이 빗발쳤다. 망원경이 환상을 보여준다는 터무니없는 주장부터 별의 개수를 늘리면 고대부터 믿어온 우주의 질서가 파괴된다는 주장까지 온갖 주장이 난무했다. 다행히도 이때까지는 갈릴레오를 종교재판에 회부할 정도로 심각한 비판은 없었다. 물론 갈릴레오의 그 발견에 찬사를 보내는 목소리도 적지 않았다. 요하네스 케플러도 그중 하나였다. 그는 이미 행성의 궤도가 타원이라는 사실을 발견한바 있던 터라 갈릴레오가 주창한 지동설을 강력히 지지했다. 케플러는 갈릴레오의 발견을 모두 인정했을 뿐 아니라 1610년에『별의 전령과 나눈 대화(Conversation with the Sidereal Messenger)』를 출간하며 그에게 찬사를 보냈다.

갈릴레오는 이미 파도바대학교 교수 시절, 조수 간만의 차이를 정확히 관측해 지동설이 옳다고 굳게 믿고 있었다. 이 점에 대해서는 뒤에서 자세히 설명할 기회가 있을 것이다. 아무튼, 그는 꾸준히 달과 목성을 관측했으며 지구가 특별한 별이 아니라는 결론에 도달했다.

그는 달에도 지구와 마찬가지로 산과 골짜기가 있고, 지구가 목성처럼 달이라는 위성을 거느리고 태양 주위를 돈다고 추정해도 이상하지 않다는 사실을 알게 되었다. 관측 결과를 토대로 갈릴레오는 지동설에 대한 확신을 굳히게 되었다.

그가 이룩한 천문학적 발견은 파도바대학교 교수 시절로 거슬러 올라간다. 갈릴레오는 목성의 위성에 '메디치의 별'이라는 이름을 붙였다. 『시데레우스 눈치우스』를 출간한 직후 이 발견을 메디치 가문의 영광으로 돌렸다. 그 덕분에 그는 토스카나 대공 직속 수석 수학자 겸 철학자로 고향인 토스카나 대공국에 금의환향했다고 앞에서 이야기했다.

피렌체 시절, 갈릴레오는 더욱 중요한 발견을 했다. 1610년 12월, 금성이 달과 마찬가지로 차고 이지러짐을 반복한다는 금성의 위상 변화를 발견한 것이었다. 게다가 관측을 계속하면서 금성이 차오르며 작아지고 이지러지며 커진다는 사실도 추가로 밝혀냈다.

이 현상은 지구가 우주의 중심에서 움직이지 않고 태양을 포함한 모든 천체가 그 주위를 돈다고 생각하는 천동설로는 설명할 길이 없었다. 천동설에서는 금성이 지구에서 보면 태양 너머에 가는 경우가 절대 있을 수 없다. 천동설을 받아들인다면 금성은 보름달처럼 완전히 차오를 수 없다. 한편 태양이 우주 중심에 있다고 생각하는 지동설에서는 금성은 지구에서 보면 태양 너머로 움직이면서 점점 멀어지고 작아지며 차오른다. 반대로 태양과 지구 사이에 오면, 크기는 커지지만 차츰 이지러진다.

갈릴레오는 프라하에 머물던 토스카나 대사 줄리아노 데 메디치(Giuliano de' Medici)에게 "금성은 필연적으로 태양 주위를 돌고 수성과 다른 행성도 마찬가지입니다"라고 말했다. 그는 관측을 바탕으로 금성의 위상 변화는 지동설을 뒷받침하는 탄탄한 증거라고 믿게 되었다.

1611년 3월, 갈릴레오는 자신이 발견한 사실을 설명하기 위해 짐을 꾸려 로마로 출발했다. 로마에는 교황청뿐 아니라 두 개의 고등교육기관이 있었다. 하나는 교황이 설립한 로마 라 사피엔차 대학교(Sapienza-Università di Roma)였고, 또 다른 하나는 예수회가 설립한 로마 기숙학교(Collegio Romano)였다.

이 두 교육기관은 종교적 목적으로 설립되었지만 보수적 태도만을 주장하고 고수하는 꽉 막힌 곳은 아니었다. 특히 로마 기숙학교를 설립한 예수회는 열린 사고방식을 가진 진취적 학문기관이었다. 예수회는 최신 과학 지식을 무기로 세계 각지에, 심지어 중국과 일본에까지 전도 활동을 펼치고 있었다.

개방적 사고방식을 가진 예수회 소속 신학자들은 기독교가 받아들였던 아리스토텔레스의 자연관을 맹목적으로 받아들이지 않았다. 게다가 로마에는 몬티첼리 후작인 페데리코 체시(Federico Cesi, 1585~1630)가 설립한 최초의 과학 아카데미 린체이 아카데미(Lincei dei Accademia)까지 있었다. 말하자면, 로마는 당시 학문의 중심이었던 셈이다.

로마 기숙학교는 갈릴레오를 받아주었고, 흔쾌히 망원경으로 천문 관측을 실연할 기회까지 주었다. 예수회 측에서도 갈릴레오에게 우호적인 태도를 보였다. 비록 해석은 완전히 일치하지 않았지만, 그가 발견한 사실은 의심할 여지가 없다고 인정해주었다. 체시는 자택에 신학자와 철학자, 수학자를 초대했고, 갈릴레오와 함께 메디치의 별을 관측하는 모임을 열기도 했다.

이 로마 방문에서 갈릴레오는 또 하나의 성과를 얻었다. 바로 린체이 아카데미 회원 자격이다. 린체이 아카데미 회원 자격은 체시가 갈릴레오의 후원자가 되었다는 뜻이다. 갈릴레오가 이후 저서의 첫머리에 '린체이 아카데미 회원'이라는 직함을 적어 넣었다는 사실을 고려한다면, 아카데미 회원이라는 자격을 그가 얼마나 중요하게 생각했는지 짐작할 수 있다.

또한, 갈릴레오는 로마를 방문했을 때 예수회 신부들에게 태양의 흑점을 선보일 기회를 얻었다. 그는 흑점은 태양의 주변부로 갈수록 가늘고 길어진다는 사실을 밝혀냈다. 또 흑점이 지상의 구름과 마찬가지로 생성하고 소멸하므로, 태양 표면이나 표면 근처에 자리하고 있다는 결론을 내렸다. 다만 갈릴레오는 언제 흑점의 존재를 깨달았는지 확실히 밝히지 않고 구렁이 담 넘듯 두루뭉술하게 넘어갔다.

태양 흑점 관찰을 시연한 후 독일의 예수회 신부였던 크리스토퍼 샤이너(Christoph Scheiner, 1575~1650)가 써서 보낸 반론 서한이 도착했다. 샤이너는 '흑점은 태양 주위를 도는 별의 그림자'라고 반박했고, 두 사람은 세 차례에 걸쳐 반론과 답장을 편지로 주고받았다. 갈릴레오는 편지를 정리해 『태양흑점론』이라는 제목으로 체

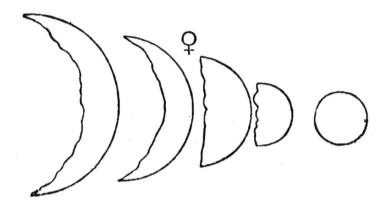

갈릴레오 갈릴레이가 관측해서 그린 금성의 위상 변화

시의 후원을 받아 1613년 3월에 책으로 출간했다.

✣ 지동설을 확신한 갈릴레오

갈릴레오는 예수회 신부들뿐 아니라 로마의 유력자들까지 자신의 발견을 인정하자 크게 고무되었다. 그런 배경 속에서 그는 점점 더 지동설에 대한 확신을 굳혀갔다. 본래 그가 코페르니쿠스의 지동설이 옳다고 믿게 된 계기는 천문 관측을 시작하기 훨씬 이전으로, 천문학과는 직접적인 관계가 없었다.

파도바대학교 교수 시절, 파도바에서 베네치아로 향하는 배 위에서 일어난 광경이 갈릴레오의 눈길을 단번에 사로잡았다. 통에 담긴 물이 앞뒤로 흔들리는 흔한 광경이었다. 베네치아는 물 공급을 본토에 의지했으므로 물을 가득 실은 통을 운반하는 배가 정기적으로 오갔다. 배가 속도를 줄이면 물은 통 앞쪽에서 솟아올랐고, 속도를 올리면 뒤쪽에서 출렁거리며 솟아올랐다. 뱃길로 여행하던 갈릴레오는 겸사겸사 아드리아 해의 조수간만의 차이를 직접 관찰할 기회를 얻었다.

이 두 가지 현상을 세밀히 관찰한 갈릴레오는 다음과 같은 가설을 세웠다. "만약 지구가 공전하며 동시에 자전한다고 가정한다면 바다에서 일어나는 조수간만의 차이를 설명할 수 있다." 즉, 지구는 공전 방향과 자전 방향이 같은 쪽에서는 빨리 움직이고 반대쪽에서는 느리게 움직인다. 이 속도 차이를 통해 바다에서 밀물과 썰물이 생기는 현상을 설명할 수 있다. 또한, 물의 무게와 지중해라는 용기 모양에 따라 정해지는 물의 주기적 운동을 합하면 하루에 두 번 물 때에 맞추어 생기는 조수간만 현상도 설명할 수 있다고 생각했다. 그러나 수십 년 후 조수간만 현상은 아이작 뉴턴이 발견한 만유인력 법칙으로 완벽히 해명되었고, 갈릴레오의 '조석론'은 사장되었다. 어쨌든 갈릴레오는 이 시점에 조수간만의 차이야말로 지동설의 결정적 증거라고 믿었다.

여기에 천문 관측으로 얻은 발견이 덧붙여졌다. 특히 금성의 위상 변화를 발견하며 갈릴레오는 지동설이야말로 확고부동한 진실이라고 확신했다. 그는 1610년에 출간한 『시데레우스 눈치우스』에서 목성의 위성을 설명하며 지동설을 슬쩍 암시하는 문장을 끼워 넣었다.

네 개의 별은 목성과 함께 12년 주기로 태양 주위를 크게 회전한다. 동시에 지구 주위를 달과 마찬가지로 목성 주위를 회전한다. 감각적 경험이 이 사실을 눈으로 보여주는 지금 행성이 두 개〔은근히 지구와 달을 암시한다. (위성이라는 용어가 아직 없었다)〕, 태양 주위를 큰 궤도를 그리며, 동시에 다른 행성 주위를 다른 행성이 도는 이 현상을 어떻게 생각해야 좋을까.

✤ 『성서』와의 모순

그러나 문제는 여전히 남아 있었다. 『성서』에는 지구가 우주의 중심이며, 태양이 지구 주위를 돈다고 해석할 수 있는 구절이 있었기 때문이다. 언젠가 갈릴레오의 적들이 인용하게 되는 『구약성서』의 여호수아 10장 12~13절에 다음과 같은 말씀이 있다.

여호와께서 아모리 사람을 이스라엘 자손에게 넘겨주시던 날에 여호수아가 여호와께 아뢰어 이스라엘의 목전에서 이르되 태양아 너는 기브온 위에 머무르라. 달아 너도 아얄론 골짜기에서 그리할지어다 하매 태양이 머물고 달이 멈추기를 백성이 그 대적에게 원수를 갚기까지 하였느니라. 야살의 책에 태양이 중천에 머물러서 거의 종일토록 속히 내려가지 아니하였다고 기록되지 아니하였느냐.

『성서』에는 여호수아의 기도에 응답한 하느님이 태양과 달의 움직임을 멈추고 일몰을 늦췄다는 구절이 나온다. 즉, 태양이 움직이고 있다는 사실을 보여준다. 갈릴레오가 지동설이 옳다고 확신할수록 『성서』의 기술과 일치하는지를 따지며 아슬아슬하게 줄타기하는 위험을 감수해야 했다. 곳곳에 그를 옭아맬 덫이 도사리고 있었다.

갈릴레오 역시 『성서』의 해석에 감히 도전했을 때 생기는 위험성을 충분히 인지하고 있었다. 그가 『태양흑점론』을 출간하려 했을 때 로마의 검열관은 원고 속에 있던 『성서』 관련 언급을 모조리 삭제하라고 요구했다. 실제로 출간된 『태양흑점론』에는 『성서』를 언급하지 않았기에 검열로 삭제되었다고 볼 수 있다.

그러나 갈릴레오가 아무리 신중하게 처신해도 그의 천문학상 발견이 알려지며 온갖 반론이 들끓었다. 천문학에 관심 있던 사람들은 갈릴레오의 발견에 크게 환호했다. 발견 해석은 둘째로 치더라도 발견 그 자체가 호의적으로 받아들여졌다. 예수회가 설립한 학교에서도 최고위에 있던 로마 기숙학교 교수들조차 망원경으로 이룩한 발견을 승인해주었다. 그 자리에는 『성서』를 들먹이며 발견을 부정하려는 불온한 움직임은 전혀 보이지 않았다.

갈릴레오를 고뇌에 빠뜨린 세력은 우습게도 천문학에는 손톱만큼도 관심을 보이지 않던 사람들이었다. 대개 성직자와 신학자들이 갈릴레오 비난에 앞장섰다. 그들은 일상 경험으로 얻은 소박한 우주관과 『성서』의 구절을 들먹이며 갈릴레오의 목줄을 바짝 조였으며 공격의 수위를 높여갔다.

✤ 카스텔리 앞으로 보낸 편지

갈릴레오에게 서서히 불운의 그림자가 드리우기 시작했다. 사건의 발단은 갈릴레오 자신이 아니라 엉뚱하게도 1613년 12월

12일에 그의 제자이자 피사대학교 교수였던 베네데토 카스텔리(Benedeto Gastelli)가 제공했다. 카스텔리는 피사의 겨울을 피해 토스카나 궁전에서 열린 조찬회에 초대받았다. 식사를 마치고 담소를 즐기던 자리에서 어쩌다 메디치의 이름을 붙인 별 이야기가 나왔다. 식탁에서 오가는 화제를 생각하면 참가한 누구도 이 작은 이야깃거리가 대사건으로 발전하리라고는 상상하지 못했으리라.

카스텔리 딴에는 스승인 갈릴레오의 업적을 알릴 절호의 기회라고 생각했던 모양이다. 그런데 동석한 피사대학교 교수였던 코시모 보스칼리아(Cosimo Boscaglia, 1550~1621)가 지구의 운동은 『성서』의 말씀에 반한다고 대뜸 지적하고 나섰다.

이 토론은 독실한 신자였던 토스카나 대공 코시모 2세의 어머니인 크리스티나 부인의 관심을 끌었다. 그녀는 카스텔리에게 친히 질문했다. 카스텔리는 스승의 의견을 대변해 크리스티나 부인을 설득하려고 애썼지만 성공하지 못했다. 제자에게 이야기를 전해 들은 갈릴레오는 12월 21일에 다음과 같은 장문의 편지를 보내자신의 생각을 전했다.

먼저 대단히 신중하게 건넨 크리스티나 부인의 질문에 대해서는……『성서』에는 거짓이나 실수가 없다고 하더라도『성서』를 해석하는 사람이나 설명하는 사람 중에는 때로 실수를 저지르는 자들이 있을 수 있습니다. 그중에서 가장 중요하며 흔히 저지르는 실수는,『성서』를 문자 그대로 해석하는 데 집착해 이런저런 모순뿐 아니라 중대한 이단이나 모욕이 발생하기도 합니다. ……『성서』속에는 글자 그대로 해석하면 진실에서 멀어지는 명제들이 여럿 있습니다. 이는 서민의 눈높이에 맞추어 그들을 이해시키기 위한 『성서』의 기술 방식으로, 현명한 주석자는 참된 의미를 보여주고 그러한 구절이 들어간 합당한 이유를 마땅히 지적해야 합니다.

갈릴레오는『성서』와 자연의 관계에 대해 말하며, 글자 그대로의 의미로 해석했을 때 생기는 오류의 한 예로 「여호수아기」를 들고 있다.

『성서』와 자연은 모두 하느님의 말씀에서 비롯된 주님의 창조물로,『성서』는 성령의 입으로 기술되었고, 자연은 하느님의 명령을 충실하게 따르는 집행자입니다. ……도저히 두 개의 진리가 대립한다고는 볼 수 없기에 우리가 명백한 감각과 필연적인 증명으로 최초에 확신했던 자연학적 결론과 일치하듯,『성서』의 문구의 참된 의미를 찾아내는 것이 현명한 주석자의 임무입니다. ……이어서 「여호수아」의 구절을 고찰해보기로 합시다. ……

알다시피『성서』의 말씀을 글자 그대로 받아들여야 한다.

즉 여호수아의 기도로 하느님이 태양을 멈추고 낮을 길게 하셨기에 그가 승리를 거둘 수 있었다고 가정하고 적대자들에게 양보

Servirò V.S. con mandargli i santucci, e gl'Ananci per Michele questa setti
che entra, ma per non fare errore, o spirituale, o temporale, già che hanno
vivere per le Monache in quell'Auento, desidero sapere, è hanno scrupolo, o
sijno con l'ova, o senza. Quanto al Suelletto non occorre, che li dica, che può
disporre della vita mia in ogni conto, e tanto più, trattandosi li servire
... però mi sarà carissimo il sentir di questo negozio ... et io
incontro per dar gusto a V.S. li mando l'inclusa di ... desideri di
e sappia, che io tengo ancora lettere particolari da quel ... Abbate che
ringrazia dell'officio che passai col ... nel mio ritorno da Perugia
venendogli occasione desidererei che V.S. ne passasse parola con ...
... con l'... Sig: Card: amico con ... li
particolare, devozione, che porta la Congre: Cassinense à questa ... casa.
Quanto poi alla Sciola supplico V.S. che ogni giorno mi crescono le fatiche
con tanta riputazione della bottega, che non so che desiderar più.
Ho osservata di nono la concellazione della prima delle tre stelle nella ...
dell'Orsa maggiore ... e mi è parsa tale la ...
con quella, che se li vede vicinissima con la vista naturale, e quell'altra visibile
solo con l'occhiale, quella notata, A, è la pa delle tre quella notata, B, è la ...
e finalmente quella notata, C, è la visibile con ~~...~~ l'occhiale. Ma se
                    non mi ricordo questa essere à Bellosguardo la
                    era talmente situata con l'altre due, che in lei
                    formava un angolo retto tirando le linee della
alla, B, et A, però V.S. ci faccia un puoco di reflessione quando ne habbia comodo
et intanto mi conservi suo ... come li son Pisa il 16 di 8bre 1616

Di V S M Ill:re et Ecc:

                              Oblig:mo ser:re di:o
                              D. Benedetto Castelli

하기로 합시다. ……이 구절은, 아리스토텔레스와 프톨레마이오스의 세계관이 틀렸으며, 불가능하다는 사실을 보여주며, 다시 말해 코페르니쿠스의 이론이 옳았음을 명명백백하게 드러내고 있습니다.

갈릴레오는 천동설을 채용하더라도 「여호수아기」와 같은 상황에서는 지구는 자전하지 않기 때문에 태양을 포함한 평소 천체 운행은 천구 전체의 일주운동에 따르며, 태양의 독자적인 움직임과는 무관하다는 말을 하고 싶었다. 태양 그 자체는 서쪽에서 동쪽으로 1년에 걸쳐 12개의 별자리를 따라 이동한다. 그러므로 태양의 움직임을 멈추면 도리어 일몰 시간이 빨라진다. 이런 맥락에서 『성서』는 천동설을 지지하지 않는다고 주장하고 싶었던 모양이다.

논리적으로는 그의 말이 옳다. 그러나 갈릴레오는 이 편지로 금단의 영역에 들어서고 말았다. 감히 건드려서는 안 되는 『성서』의 해석이라는 위험한 영역에 발을 들인 갈릴레오에게 위기가 닥쳤다. 그는 한술 더 떠서 코페르니쿠스 지동설 지지를 확실하게 표명했다. 허물없는 사이인 제자에게 보내는 편지였기에 방심하고 자신의 속마음을 너무 솔직하게 내비쳤는지도 모르겠다. 그러나 카

갈릴레오가 제자 카스텔리 앞으로 보낸 편지

스텔리에게 보낸 편지를 완전히 사적인 편지라고 볼 수는 없다. 학회지라는 매체가 없었던 시절에 편지는 연구 성과를 발표하는 수단이기도 했다. 갈릴레오도 자신의 편지가 남의 손에 넘어가리라는 상황 정도는 충분히 예상할 수 있었다. 그런 터라 편지 사본이 공공연히 나돌자 비판을 피할 수 없게 되었다.

갈릴레오는 이단 죄로 검사성성에 기소된 이듬해인 1616년 6월에 같은 취지의 장문 편지를 크리스티나 부인에게 보낸다. 부인은 남편인 토스카나 대공 페르디난도 1세가 세상을 떠난 후에도 대공비의 칭호를 유지하고 있었기에 이 편지는 '크리스티나 대공비에게 보내는 편지'라는 제목으로 갈릴레오 갈릴레이 연구자들에게 알려졌다. 이 편지에서 갈릴레오는 제자인 카스텔리에게 보낸 편지보다 상세하게 "감각적 경험 또는 필연적 증거가 우리의 눈과 지성 앞에 제시해주는 자연학상의 결론이 『성서』에 아주 단편적으로만 기술되어 있는 경우, 그 결론이 『성서』의 기술과 다르기에 감각과 이성을 부정해야 한다고는 생각할 수 없습니다"라고 단호한 어조로 주장을 펼치고 있다.

이미 1612년 11월 1일 만성절(All Saints' Day)에 피렌체의 도미니코회 신부인 니콜로 로리니라는 이름의 인물이 『성서』의 기술에 반한다며 코페르니쿠스의 지동설을 공격했다. 그러나 이때는 갈릴레오의 이름을 언급하지 않아 다행히 큰 사건으로 발전하지 않았다. 젊은 도미니코회 신부인 토마소 카치니가 피렌체의 산타마리아 노벨라 성당에서 강론 시간에 「여호수아기」 10장을 인용하며,

갈릴레오 지지자와 수학자들이 『성서』와 모순되는 사상을 믿는다고 맹렬하게 비난했다. 「카스텔리에게 보낸 편지」를 작성하고 1년이 지난 후인 1614년 12월 20일의 일이었다. 당시 수학자 중에는 점성술에 종사하는 사람도 있었다. 카치니가 보기에 천문학자나 수학자나 매한가지 부류로 수상쩍은 사이비 점쟁이와 한통속으로 보였던 모양이다. 이렇게 갈릴레오에 대한 공격이 시작되었다.

4

서막

1616년 종교재판

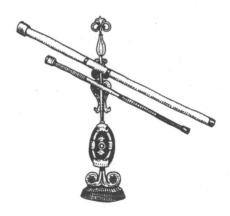

니콜라우스 코페르니쿠스가 주창한 이론 지동설이 『성서』의 기술과 정면 배치되며 모순된다는 의혹과 주장은 갈릴레오 갈릴레이가 본격적으로 등장하기 전부터 널리 퍼져 있었다. 갈릴레오의 천문학상 발견과 무관하게 코페르니쿠스가 살아 있을 당시부터 이미 스멀스멀 의혹이 싹 트고 있었다는 의미다. 코페르니쿠스의 『천구의 회전에 관하여』의 인쇄를 감독했던 신학자 안드레아스 오시안더(Andreas Osiander, 1498~1552)는 저자에게 아무런 양해도 구하지 않고 자기 마음대로 책에 머리글을 덧붙였다.

오시안더는 무단으로 서명도 없이 책 첫머리에 「독자에게」라는 글을 추가했다. 그는 글 속에서 지동설에 대해 "이 가설들이 참인지 아닌지는 중요하지 않다. 또한, 사실처럼 여겨지거나 그럴듯한지도 중요하지 않다. 오히려 관측에 부합하는 계산이 제대로 이루어졌는지 여부, 즉 계산의 정확성만으로 충분하다"라고 그는 주장했다.

지금으로써는 코페르니쿠스의 진의를 알 길이 없다. 안타깝게도 코페르니쿠스 자신은 『천구의 회전에 관하여』가 출간된 해에 세상을 떠났다. 코페르니쿠스에게는 임의로 덧붙인 문장을 개정할 수도, 연구를 계속 진행해 지동설을 좀 더 완벽하게 다듬을 기회도 없었다. 케플러가 행성 궤도는 타원형이라는 사실을 발견할 때까지 지동설 역시 추가 연구가 이루어져야 했다. 천동설은 오랜 세월 이론을 뒷받침할 증거를 찾고 학설을 정교하게 다듬어 나갔다. 반면 코페르니쿠스의 지동설에서 천문계산은 훨씬 단순화되었다.

단순화된 천문계산은 뜻밖에도 코페르니쿠스에게 상당히 유리하게 작용했다. 오시안더가 「독자에게」라는 제목으로 덧붙인 글에서 "코페르니쿠스의 지동설이 신뢰하기 어려운 하나의 가설에 불과하며, 천문계산에 간편한 방법을 제공해주는 도구일 뿐"이라고 주장하는 동안에는 적어도 이단 혐의가 불거질 수 없었기 때문이다.

갈릴레오는 망원경으로 천문 관측을 해 새로운 사실을 발견했다. 또 자신의 눈으로 확인한 조석 현상을 근거로 삼아 점차 자신감을 얻었다. 갈릴레오는 기독교 세계에 널리 받아들여진 천동설이 명백히 틀렸으며 지동설이야말로 진짜 우주를 표현한다고 주장했다.

천동설은 오랜 세월 이론을 뒷받침할 증거를 찾고 학설을
정교하게 다듬어 나갔다. 반면 코페르니쿠스의 지동설에서
천문계산은 훨씬 단순화되었다.

✤ 고발

1615년 2월 7일, 니콜로 로리니가 「카스텔리에게 보내는 편지」 사본을 로마로 보냈다. 로리니는 갈릴레오가 이단 사상을 신봉하고 있다고 검사성성에 고발했다. 그는 고발 사유로 3년 전 코페르니쿠스의 지동설을 공격했을 때 제기된 비난 이외에 그 편지가 세 가지 권위, 즉 『성서』 주석자의 권위, 『성서』 그 자체의 권위, 그리고 가톨릭 교리의 신학적 · 철학적 근거가 되는 권위(역대 교황과 성 토마스 아퀴나스, 아리스토텔레스의 권위)를 위협한다고 덧붙였다.

그해 2월 25일, 편지 사본은 수요일 검사성성 집회에서 낭독되었다. 낭독을 들은 추기경들은 편지가 불완전하다며 조작을 의심했고, 신중하게 편지 원본을 입수하라고 피사의 대주교와 이단 심문관에게 명했다.

편지를 제출하라고 요청받은 카스텔리는 갈릴레오에게 허락을 구했다. 그동안 추기경들은 로리니가 고발하며 제출한 편지밖에 읽지 못했다. 사실 갈릴레오도 로리니의 사본은 자신을 함정에 빠뜨리기 위해 짜깁기한 가짜 편지가 아닐지 우려했다. 갈릴레오는 2월 16일에 피에로 디니(Pireo Dini) 신부에게 '제가 작성한 진짜 원본 편지 사본'이라며 편지를 보냈다. 갈릴레오는 디니 신부를 통해 로마 기숙학교를 대표하는 천문학자이자 수학자인 크리스토퍼 그리엔베르거(Christoph Grienberger)에게 읽어달라고 부탁했다.

갈릴레오의 「카스텔리에게 보내는 편지」에 있는 "『성서』 속에는 글자 그대로 해석하면 진실에서 멀어지는 명제들이 여럿 있습니다"라는 부분은 로리니가 보낸 편지에서는 "다수의 잘못된 명제들이 있습니다"로 고쳐졌다.

그 밖에도 두 편지 사이에는 몇 가지 중요한 차이점이 있다. 그렇다고 이를 두고 로리니가 편지를 조작해 갈릴레오를 함정에 빠뜨리려고 했다고 섣불리 결론 내릴 수는 없다. 갈릴레오가 피에로 디니 신부에게 보낸 편지가 원본과 일치한다는 명확한 증거가 없기 때문이다. 갈릴레오가 실제로 카스텔리에게 보낸 편지는 소실되어 현재로서는 진위를 확인할 방법이 없다. 어쨌든 갈릴레오의 편지 원본도 디니 신부에게 보낸 사본도 검사성성의 손으로 넘어가지 않았다.

재판이 교착상태에 빠지게 된 3월 19일, 예전부터 갈릴레오 비난 선봉에 섰던 카치니가 '자신의 양심을 위해' 선서하고 증언하고 싶다며 검사성성에 증인이 되겠다고 신청했다. 이튿날 증언대에 선 카치니는 "코페르니쿠스의 지구는 움직이고 일주운동도 한다. 그리고 태양은 움직이지 않는다는 두 가지 명제는 교황들이 설명하는 『성서』와 신앙과 모순된다. 우리는 신앙에 따라 『성서』에 포함된 말씀은 진실이라고 믿어야 한다고 배워왔다. ……피렌체에서 널리 퍼진 세간의 의견에 따르면 갈릴레오는 『성서』에 반하는 코페르니쿠스의 의견을 믿으며 옹호한다"라고 고발했다. 또 "갈릴레오의 제자들은 하느님은 실체가 아닌 우유성(偶有性)이다……. 성인들이 행한 기적은 진짜 기적이 아니라고 말한다"라는 말까지 덧붙였다.

카치니는 자신의 주장을 뒷받침하는 증인으로 두 사람의 인물을 내세웠다. 그는 페르디난도 히메네스 신부와 갈릴레오의 제자이자 피렌체 유지인 지아노초 아타반티(Giannozzo Attavanti)의 이름을 거론했다. 그런데 히메네스 신부는 그 후 8개월 동안 행방불명 상태였고, 아타반티는 끝내 소환되지 않았다. 카치니가 고발했던 이단 죄는 중죄였다. 그런데 검사성성이 증인신문을 서둘렀던 기색은 보이지 않는다.

11월 13일이 되어서야 겨우 히메네스 신부가 피렌체의 이단 심문관에게 심문을 받았다. 히메네스 신부는 갈릴레오의 학생들이 코페르니쿠스 명제와 하느님의 본성을 논하는 이야기를 들었다고 진술했다. 그러나 "그 이야기가 그들의 의견인지 갈릴레오 자신의 의견인지 알 길이 없다"고 말했다. 또 성인들의 기적에 대해서는 "기억나지 않는다"고 진술했다. 자신도 같은 주제로 아타반티와 토론한 적이 있지만, "모든 것은 토론을 위한 토론이었다"라고 진술했다.

다음 날, 아타반티가 증인으로 소환되어 심문을 받았다. 그는 "나는 갈릴레오의 제자가 아니다. 갈릴레오가 코페르니쿠스 학설에 따라 지구는 그 중심 주위를 돌고 전체로서도 움직인다. 태양도 그 중심 주위를 움직이지 전진하지는 않는다고 말한 걸 들은 적이 있다. 이는 로마에서 출간된 「태양흑점론」이라는 제목의 편지에도 있다"라고 진술했다. 또 하느님의 본성에 대해서는 "내가 히메네스 신부님과 이야기를 나눈 적은 있지만, 이 논의는 어디까지나 토론형식으로 이루어졌고 공부를 위한 과정이었다. 하느님이 실체인지 우유성인지를 고찰했던 성 토마스 아퀴나스의 생각을 논제로 삼았고, 『대이교도대전』 속에서 논했던 신에게도 감각이 있는가, 신도 울고 웃는가에 대해 논의했다"라고 말했다. 또한 "카치니는 히메네스 신부의 사제관 근처의 방에서 우리가 벌인 토론을 들었을 것이다"라고 진술했다.

카치니의 증언은 전해 들은 이야기를 이리저리 짜깁기한 데 불과하다는 결론으로 사태는 일단락되는 듯했다. 갈릴레오가 지동설을 믿는다는 사실을 제외하면 모두 오해에서 빚어진 고발임이 증언으로 밝혀졌다. 오늘날이었다면 재판을 지속할 이유조차 없겠지만, 불행히도 재판은 끝나지 않았다.

✢ 지동설 검열

모든 절차는 극비리에 은밀히 진행되었다. 하지만 갈릴레오는 용케도 로마에서 자신에 대한 재판이 진행되는 중임을 전해 들었던 모양이다. 그는 로마로 가서 자신의 이단 혐의를 풀고 코페르니쿠스의 정당성을 보여주겠다는 생각을 품기 시작했다. 디니 신부는 "침묵을 지키며 『성서』와 수학 어느 쪽에서도 충분히 근거를 갖추어 무장하고, 적당한 시기에 만족스러운 형태로 공표하라"고

조언했다.

11월 말, 로마 주재 토스카나 대사 피에로 구치아르디니(Piero di Guicciardini)가 "여기는 달에 대해 논하러 오는 곳이 아닙니다"라고 충고했음에도 갈릴레오는 주위의 반대를 뿌리치고 로마로 출발했다. 갈릴레오는 집필 중이던 「조수 간만에 대한 논의」라는 지구의 운동을 긍정하는 논고를 로마에서 탈고해 갓 추기경 자리에 오른 오르시니(Orsini)에게 바쳤다. 그뿐만이 아니었다. 갈릴레오의 지인인 안토니오 케렌고(Antonio Querengo)가 알레산드로 데스테(Alessandro d"Este) 추기경에게 보낸 편지에 따르면, 갈릴레오는 "그를 무자비하게 공격하는 열다섯 명에서 스무 명의 적들과 맞서 싸우며" 논의를 거듭하고 있었다. 갈릴레오의 행동과는 별개로 종교재판은 진행되고 있었다.

1615년 말, 카치니의 증언은 대부분 근거 없이 제기된 비방임이 밝혀졌지만 검사성성은 심의를 계속 진행한다. 모두 열한 명의 신학자로 이루어진 고문단으로 특별위원회가 꾸려졌고, 다음과 같은 답신이 1616년 2월 24일에 제출된다.

검열되어야 할 명제

첫째 태양은 세상의 중심이며, 한 치도 움직이지 않는다. 검열 전원이 다음과 같이 말했다. 이 명제에 대한 발언은 모두 철학적으로 무지하고, 부조리하며, 공식적으로 이단으로 간주된다. 여러 곳에서 『성서』의 말씀에 담긴 의미, 그리고 교부와 신학 박사의 일반적인 주석 및 이해와 모순되기 때문이다.

　둘째 지구는 세상의 중심이 아니며, 움직이지 않고, 전체로 일주 운동을 한다. 검열 전원이 다음과 같이 말했다. 이 명제는 철학적으로는 같은 판정을 받아, 신학상의 진리에 관해서는 적어도 신앙상 오류가 있다.

　이 특별위원회의 답신은 11명 전원 일치로 결정되었다. 여기서는 카치니의 증언과 마찬가지로 지동설 중에서 한 묶음으로 다루어져야 할, 태양이 움직이지 않고 지구가 움직인다는 불가분의 논리를 따로 떼어내 논했다는 부분에 주목해야 한다. 지구가 우주의 중심으로 움직이지 않고 태양이 그 주위를 돈다는 천동설을 채택할 것인가, 아니면 그 반대인 지동설을 채택할 것인가. 오로지 두 가지 선택지밖에 없다는 이분법적 사고로, 우리가 이 답신을 이해하기 힘든 이유가 바로 여기에 있다. 즉, 특별위원회 소속 신학자들의 심의는 천동설과 지동설 중 어느 쪽이 타당한지를 논하는 과정이 아니었다고 생각해야 옳을 것이다. 판단 기준은 오로지 『성서』였다.

　특별위원회는 『성서』의 기술에 비추어 용인할 수 있을지 없을지를 따지는 데만 열을 올렸다. 『성서』는 태양의 운동에 관해 여러 곳에서 암시하고 있다. 「여호수아기」에서뿐 아니라 「시편」 19편 5절에서 6절에는 "해는 신방에서 나오는 신랑과 같이 신나게 치닫는 용사와 같이, 끝에서 나와 하늘 저 끝으로 돌아가고 그 뜨거움을 벗어날 자 없사옵니다"라는 구절이 있고, 「전도서」 1장 5절에는 "해는 떴다가 지며 그 떴던 곳으로 빨리 돌아가고"라는 구절이 들어 있다. 반면 지구의 움직이지 않는 성질에 대해서는 언급하지 않았으므로 코페르니쿠스 지동설을 두 개의 명제로 분리해 각각 평가했다고 생각하면 어느 정도 이해가 된다.

본래 지구가, 조금 더 정확하게는 땅이 움직이지 않는다는 사실을 암시하는 기술이 『성서』 속에 있다. 「시편」 104장 5절에는 "땅을 주춧돌 위에 든든히 세우시어 영원히 흔들리지 않게 하셨습니다"라는 문장이 나오고, 「욥기」 9장 6절에는 "기둥들이 마구 흔들리도록 땅을 그 바닥째 흔드시는 이"라는 구절이 있다. 『성서』에서 말하는 땅은 기둥 위에 올려진 평평한 지면이다. 이 우주관은 아리스토텔레스가 살던 그리스 시대보다 더 오래된 소박한 사고관이었다. 천문학적 지식이 축적되고, 콜럼버스가 아메리카 대륙에 도달하고, 바스쿠 다 가마가 인도 항로를 개척한 후인 17세기에는 지구가 우주의 중심이며 움직이지 않는다는 사실을 드러내 보여주는 증거로 제시하기에는 무리가 있다.

태양의 움직이지 않는 속성을 논하면 엄밀하게 이단으로 간주했다. 그러나 지구가 움직인다는 주장은 이단이라고까지는 단정할 수 없다는 판단이 내려졌다. 이단 판정을 둘러싼 이러한 잣대는 이후 갈릴레오가 재판에서 취하게 될 전술을 결정하는 근거가 된다. 다만 이 문제는 1633년 종교재판 심의 과정을 생각했을 때까지로 잠시 미루기로 하자.

✤ 훈고(訓告)

1616년 2월 25일 목요일, 교황 비오 5세는 특별위원회의 답신을 받아 검사성성 집회에서 갈릴레오 갈릴레오를 소환한다는 결정 내용을 알리고 집행을 명령했다. 그 내용은 일단 퇴장했다 다시 입장한 참여관과 총주임에게 밀리니 추기경이 전달했다. 밀리니 추기경 예하는 검사성성 참여관 신부와 주임 신부에게 다음과 같이 통고했다.

수학자 갈릴레오 갈릴레이의 "태양은 세상의 중심에서 움직이지 않고, 지구가 움직이며 일주운동을 한다"라는 주장에 대한 신학자 신부의 판정 보고 후, 성하(비오 5세)는 벨라르미누스(Roberto Francesco Romolo Bellarmino, 1542~1621) 추기경 예하에게, 갈릴레오를 소환하고 그에게 이러한 의견을 포기하도록 경고하라고 명하셨다. 만약 갈릴레오가 따르기를 거부한다면 주임 신부가 공증인과 증인 입회하에 이 학설과 의견을 가르치는 것도, 옹호하는 것도, 논하는 것도 절대 삼가라는 금지 명령을 내리고, 만약 그가 따르지 않겠다고 거부한다면, 투옥하라.

벨라르미누스 추기경은 당시 로마 교회에서 가장 영향력 있는 인물 중 한 사람이다. 벨라르미누스 추기경과 갈릴레오는 26일 추기경 자택에서 접견했다. 바티칸 비밀문서고에 소장된 문서에 공

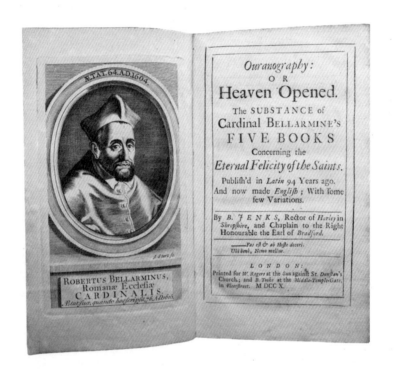

벨라르미누스 추기경은 당시 로마 교회에서
가장 영향력 있는 인물 중 한 사람이다.

증인은 다음과 같이 사건의 경위를 기록해두었다.

　벨라르미누스 추기경 예하께서 사제관으로 사용하시는 저택에
갈릴레오 갈릴레이를 소환해 상기 추기경 예하, 도미니코회 검사
성성 총주임인 로디의 세기치 신부 앞에서, 추기경 예하는 위와 같
은 의견은 잘못되었으며, 그러한 의견을 포기하라고 갈릴레오에게
훈계하고 엄중히 경고하셨다. 이어서 곧장 나와 증인을 입회시켰
고, 추기경 예하가 계신 자리에서, 전술한 총주임 신부는 그 자리에
있던 갈릴레오에게 교황 성하와 전(全) 검사성성의 이름으로, 태양
이 세상의 중심에서 움직이지 않고, 지구가 움직인다는 상기 의견
을 전면적으로 포기하고, 앞으로는 구두로든 문서로든, 어떠한 형
태로도, 그러한 생각을 품거나 가르치거나 옹호해서는 안 된다고
명하셨다. 만약 명령에 따르지 않는다면 검사성성은 갈릴레오를
재판에 세울 것이다.

이 금지 명령에 상기 갈릴레오는 동의하고, 기꺼이 따르겠다고
약속했다.

　증인으로서 상시 추기경 예하 댁의 일원이며, 키프로스 국왕 니
코시아의 바디노 노레스 전하와, 몬테풀치아노(Montepulciano) 교구
로제 수도원의 아고스티노 마스카르디(Agostino Mascardi) 입회하에
로마 상기 저택에서 집행한다.

훗날 공증인이 기록한 총주임 세기치의 언동이 문제가 된다. 또, 이 기록에는 공증인과 증인의 서명이 없다. 교황은 갈릴레오가 벨라르미누스의 경고를 거부한다는 단서 조항을 달고 금지 명령을 내린다고 명령했다. 따라서 이처럼 갑작스러운 개입은 이해하기 어렵다. 또 벨라르미누스의 경고 내용과 총주임의 명령에는 중요한 차이가 있다. 벨라르미누스의 경고에서는 코페르니쿠스의 지동설은 진짜 우주를 설명한다고 주장하지 않고, 가설이라면 언급해도 무방하다고 추정할 수 있다. 반면 총주임의 명령은 "전면적으로 포기하고······ 어떠한 형태로도"라고 가르치는 것조차 금지하며, 설령 가설이라도 언급 자체를 금지하고 있다.

✦ 위조문서인가

이 총주임의 명령은 갈릴레오 자신을 피고로 세운 1633년의 종교재판에서 유죄를 선고하는 결정적 증거로 뜬금없이 제시된다. 그러나 공증인과 증인의 서명이 없어 여태까지 수많은 연구자가 갈릴레오를 함정에 빠뜨리기 위해 위조된 문서라고 추정했다. 즉 갈릴레오 재판은 오판이거나 억울한 누명이라고 주장하는 측에서 제시할 수 있는 가장 결정적인 증거인 셈이었다. 따라서 나는 이 1616년 2월 26일에 실제로 무슨 일이 있었는지를 꼼꼼히 검토해 보고자 한다.

먼저 서명이 없었다고 해서 성급하게 위조 판정을 내릴 수는 없다. 갈릴레오 시대에 검사성성의 문서 관리는 허술했다. 또 이 경고와 명령은 모두 법정 밖에서 일어난 사건이다. 공증인은 검사성성으로 복귀해 정리한 메모를 보고 다시 작성했기에 문서를 작성하기 위해 증인에게 서명을 요구할 수 없었을 가능성이 크다. 이 문서 원문은 최근에야 일반에 공개되어 열람이 가능해졌다. 전날 검사성성 총집회 의사록과 마찬가지로 한 장의 종이에, 1621년에 사망한 공증인과 같은 필적으로 작성되었다는 점에 주목해야 한다. 누군가 문서를 위조했다면 미래에 갈릴레오를 함정에 빠뜨리기 위한 수단으로 사용할 수 있다고 생각해 1616년에 작성했거나, 1633년 종교재판 직전에 갈릴레오를 유죄로 이끌기 위해 작성해야 한다.

만약 1616년에 위조했다면 "아직 추기경 예하가 계셨지만"이라는 삽입 문구는 위조문서와 전혀 어울리지 않는다. 벨라르미누스가 살아 있는 동안에는 아무 쓸모도 없기 때문이다. 게다가 번거롭게 이 문구를 굳이 삽입하지 않았더라면 금지 명령을 내리는 장면을 특정할 수 없어 허위라고 판정하기 곤란해진다.

이 문서는 1632년 가을에 재등장한다. 1632년에 위조되었더라면 1616년 2월 25일의 검사성성 집회 의사록이 작성된 후 얼마든지 조작할 수 있었다. 문서에 여백이 충분히 남아 있었음에도 1621년 사망한 공증인과 같은 필적으로 작성되었다는 사실을 이해하기 어렵다. 이때는 벨라르미누스 추기경도 사망한 후였다. 무려 16년 전에 그의 사제관에 우연히 있었던 두 사람의 이름을 그 때까지 누가 알고 있었을지 의문이 든다. 그들의 이름을 굳이 증인으로 언급할 필요도 없거니와, 갈릴레오를 함정에 빠뜨리는 데 찬동하는 누군가 다른 인물의 이름을 적어 넣는 게 훨씬 그럴듯해 보인다.

1984년에 신앙교리성(검사성성의 후신) 문서 중에 2월 26일 사건을 언급한 한층 간결하면서도 같은 취지의 내용을 담은 문서를 발견해 『갈릴레오 갈릴레이 재판 자료집』을 통해 공표하고 있다. 여기서도 전날 총집회의 간결한 의사록 뒤에 작성되었다. "벨라르미누스 추기경 예하는 갈릴레오에게 하기 의견이 잘못되었음을 경고하셨다" 등등. "이어서 주임 신부가 상기와 마찬가지로 그에게 명령을 내렸다" 등등. 위조설이 옳다면 바티칸 비밀문서와 신앙교리성의 문서 두 가지 서류를 작성해야 논리적으로 타당하다. 그렇게 하지 않았다는 사실은 위조설을 부정하는 유력한 증거로 작용할 뿐이다.

그뿐 아니라 나중에 다시 살펴보겠지만, 1616년 5월에 갈릴레오는 자신이 이단 포기 선서를 하지 않았다는 증명서를 벨라르미누스 추기경에게 요구한다. 이에 대해 벨라르미누스 추기경은 2월 25일 총집회에서 교황이 총주임에게 지시했던 금지 명령 속에서만 존재했던 '옹호'라는 단어를 사용해 "옹호해서도 안 되며 품어서도 안 되는 생각이 알려졌을 뿐이다"라고 갈릴레오의 결백을 증명하는 문서를 발급해준다.

그러므로 금지 명령에만 포함된 '옹호'라는 단어가 벨라르미누스 추기경의 사제관에서 말해졌을 가능성을 부정하기 어렵다. 즉, 누군가의 입에서 나왔건, 금지 명령으로까지 불거진 발언이 있었다고 추정해야 옳다. 이와 같은 이유로 2월 26일 문서가 위조라는 의견은 도저히 받아들일 수 없다. 그러나 여전히 해결되지 않은 문제가 남는다. 총주임은 도대체 왜 교황의 명령을 거스르면서까지 개입해야 했을까? 「이어지는 형태로」라는 제목의 공문서에나 등장하는 상투적인 표현에 주목하면 다음의 두 가지 가능성을 생각할 수 있다.

첫째, 2월 26일에 벨라르미누스가 '옹호'라는 단어를 실제로 사용해 갈릴레오에게 경고했을 가능성이다. 총주임은 자신이 해야 할 말이 벨라르미누스의 입에서 나오자 깜짝 놀랐을 것이다. 벨라르미누스 추기경이 모종의 이유로, 가령 총주임이 모르는 곳에서 갈릴레오와 미리 회담을 가져 갈릴레오가 경고에 따르기를 거부할 것을 벨라르미누스가 이미 알고 있었기에 금지 명령으로까지 발전했다고 총주임은 이해하고 '즉시' 자신의 역할을 했다고 추정할 수 있다.

또 하나의 가능성은 이것이다. 도미니코회 출신 총주임은 검사성성 총집회에서의 결정 전반 부분, 즉 벨라르미누스 추기경의 경고만으로 끝내는 건 솜방망이 처분이라는 데 분개했다고 한다. 그래서 그는 갈릴레오가 경고를 검토해 어떠한 답변을 보낼지 생각할 말미를 주지 않고, '이어지는 형태로' 자신의 권한을 사용하여 금지 명령을 내렸다는 것이다. 다시 설명하겠지만, 벨라르미누스 추기경은 갈릴레오를 동정했다. 그는 지동설의 핵심논리를 어느 정도 이해하고 있던 추기경으로 알려져 있었다. 그러므로 나는 두 번째 가능성 쪽을 지지하고 싶다.

법적으로 생각하면, 총주임의 금지 명령은 갈릴레오가 벨라르미누스 추기경의 경고에 따르기를 거부했을 때만 내려질 수 있는 처분이었다. 따라서 만약 경고를 받아들였다면 무효한 처분이다. 그러나 갈릴레오가 그 금지 명령에 "동의하고 따르겠다고 약속했다"라는 사실이 기록으로 남아 있다.

3월 3일 목요일 검사성성 총집회에서 벨라르미누스 추기경은 "수학자 갈릴레오 갈릴레이에게 지금까지 품어온 의견을 포기하라는 검사성성 명령을 통고하자 그는 동의했다"라고 간결하게 보고한다. 어쨌든 이 시점에서는 벨라르미누스 추기경의 경고와 총주임이 내린 명령의 차이는 문제가 되지 않았다.

✢ 로베르토 벨라르미누스

이 종교재판으로 그 어떤 죄도 추궁당하지 않았다고 안심했을까? 즉각 피렌체로 돌아오라는 토스카나 대공국 총리 쿠르치오 피케나(Curzio Picchena, 1553~1626)의 대담한 요청에도 갈릴레오는 따르지 않고 로마에 그대로 머물렀다.

그는 로마에 머물며 자신이 이단에서 손을 씻겠다고 맹세했다는 풍문을 전해 들었다. 또한 그는 5월 26일에 벨라르미누스 추기경을 방문해 이 소문을 부정하는 증명서를 발급해달라고 요청했다. 벨라르미누스 추기경은 검사성성과 금서목록성의 위원을 겸하고 있었기에 그가 발행한 증명서라면 갈릴레오를 안심시키기에 충분하다고 생각했다. 그 증명서에는 다음과 같은 내용이 적혀 있었다.

나, 추기경 벨라르미누스는 갈릴레오 갈릴레이가 내 앞에서 이단 단절 맹세를 하고, 신앙을 모독했다는 중상모략을 받았다거나, 그러한 죄를 지었다는 소문을 듣고 진상을 밝혀달라는 요청을 받아 이에 선언하는 바다. 전술한 갈릴레오는 로마에서도 내가 아는한, 다른 그 어떤 곳에서도, 내 앞에서도, 다른 누군가의 앞에서도, 그의 모든 의견과 학설에 관해서도 이단 단절 선언을 하지 않았다. 더욱이 그가 신앙을 모독하고, 여타의 죄를 지었다고는 볼 수 없다. 교황 성하께서 기초를 닦으시고, 금서목록성에서 공포되어 포고, 즉 지구가 태양 주위를 돌고, 태양은 우주의 중심에 머물러 있으며, 동에서 서로 움직인다는 사실은 코페르니쿠스의 주장일 따름이다. 이것이 진실임을 보증하기 위해 나는 자필 문서로 작성하고, 서명하는 바다.

— 1616년 5월 26일

이단 심문관을 맡은 추기경이 이와 같은 증명서를 작성하는 것 자체가 이례적이지만, 벨라르미누스는 처음부터 끝까지 갈릴레오에게 동정적인 태도를 보였다. 교황 마르첼로 2세(Marcellus II)의 조카라는 명문가 출신이었지만, 예수회 신부로는 처음으로 추기경 자리에 오른 벨라르미누스는 루뱅(Leuven)과 그 밖의 예수회 신학교에서 교편을 잡았다. 이후 1574년에 로마 기숙학교로 옮겨와 1599년 추기경으로 취임하며 동시에 이단 심문관 자리를 꿰차고 수많은 서적을 검열했을 뿐 아니라 교황 대리로 가톨릭교회를 방어하는 논쟁에 참여했다.

루뱅 신학교 시절, 그가 정리한 강의 노트가 지금까지 남아 있다. 그 노트를 통해 벨라르미누스가 아리스토텔레스와 프톨레마이오스의 천동설을 곧이곧대로 가르치지 않았음을 알 수 있다. 그는 강의에서 「창세기」의 천지창조를 논하며, 다음과 같이 말했다고 한다.

별들의 하늘은 하나밖에 없고, 불 또는 공기의 실체로 만들어졌다는 가설이 『성서』와 일치한다고 거듭 강조했다. 그러나 만일 그렇다면 필연적으로 별들은 천공의 운동에 따라 움직이지 않고 공중의 새와 물속의 물고기처럼 그 자체로 움직인다고 볼 수밖에 없다. 실제로 행성의 운동은 각양각색이라 어떤 행성은 빠르게, 또 어떤 행성은 느리게 움직인다는 사실이 알려져 있다. 같은 하늘이 동시에 다른 속도로 움직인다는 주장은 누가 보아도 이치에 맞지 않는다. 이 이론에 반대하는 이론은 오직 한 가지 '아리스토텔레스와 프톨레마이오스의 천동설'밖에 없다.

당시는 아직 육안으로만 천문 관측을 할 수 있던 시대였다. 그러나 제3장에서 말했듯 관측 결과가 차곡차곡 축적되었다. 그런데다 특히 16세기 말에 신성과 혜성이 잇따라 출현한 후에는 천동설을 우격다짐으로 밀어붙이기가 곤란해졌다. 물론 천동설에 의문을 품었다는 정도로 지동설을 수용하는 쪽으로 방향을 전환했다고는 볼 수 없다.

벨라르미누스는 파올로 안토니오 포스카리니(Paolo Antonio Foscarini)라는 가르멜수도회 신부에게 코페르니쿠스의 지동설에 관한 질문을 받아, 1616년 카치니의 증언이 있고 3주 뒤인 4월 12일에 답장을 썼다. 그 편지에서 벨라르미누스 추기경이 지동설을 어떻게 생각하는지를 엿볼 수 있다.

존경하는 포스카리니 신부님께서도, 그리고 갈릴레오도 절대적이 아니라 가설적인 논의에 만족하는 것이 신중한 행동이라고 생각합니다. 저는 코페르니쿠스도 그와 같이 말했다고 믿습니다. 또한, 지구가 움직이고 태양이 정지해 있다고 가정함으로써 이심원(離心圓, Eccentric circle)과 주전원(周轉圓, Epicycle)을 전제로 하는 것보다 제반 현상을 더 잘 설명할 수 있다고 말해도 아무 위험이 없습니다.

수학자는 그걸로 충분합니다. 그러나 실제로 태양은 우주의 중심이며, 지구는 세 번째 천구에 있고 태양 주위를 맹렬한 속도로 회전한다는 주장과는 다릅니다. 이는 매우 위험한 주장입니다.

코페르니쿠스의 지동설을 행성의 운행을 계산하기 위한 도구로 활용한다면 그 누구도 딴죽을 걸지 않지만, 만약 우주의 진짜 구조를 보여준다고 생각한다면 용서받지 못한다는 뜻이다. 다만 "코페르니쿠스도 그와 같이 말했다고 믿습니다"라는 부분은 벨라르미누스 추기경이 안드레아스 오시안더의「독자에게」를 액면 그대로 받아들였다는 사실을 보여주지만, 그렇다고 백 퍼센트 솔직한 표현으로 볼 수는 없다.

벨라르미누스 추기경을 포함한 예수회 신부들, 그리고 당시 천문학자들은 오시안더의「독자에게」가 코페르니쿠스 자신이 작성한 글이 아님을 눈치채고 있었기 때문이다. 벨라르미누스 추기경은 굳이 "코페르니쿠스도 그와 같이 말했다고 믿습니다"라는 문장을 덧붙여 코페르니쿠스의 지동설을 이단에서 구제하려고 했다고 생각해야 한다.

여기서는 예수회 소속 신부로서의 벨라르미누스 추기경의 미묘한 입장이 반영되어 있다고 추정할 수 있다. 그리고 벨라르미누스 이후의 예수회 신부들은 지구가 우주의 중심이라는 사실을 부정하지 않았지만, 그 밖의 주장에는 아리스토텔레스와 프톨레마이오스의 천동설을 포기하게 된다. 가령 1612년 태양 흑점을 둘러싸고 갈릴레오와 논쟁을 벌인 예수회 신부 크리스토프 샤이너

(Christoph Scheiner)는 흑점 연구를 계속했고, 그 성과를 1626년부터 30년에 걸쳐 출간한 『곰의 장미』(Rosa Ursina)라는 제목의 책을 통해 공표했다. 그는 자신의 책에서 150쪽가량을 할애해 벨라르미누스 추기경의 주장을 확장했고, 하늘은 불의 물질로 만들어진 유체이며, 달보다 아래에 있는 물질이라는 사실에 변함이 없다는 주장을 펼쳤다.

그러나 벨라르미누스의 막연한 우주상으로는 실제 천체의 운행을 설명할 수 없다. 예수회 신부들은 덴마크 천문학자 티코 브라헤(Tycho Brahe, 1546~1601)가 16세기 말에 구상하고 제안했던 우주상에 의지했다. 정지한 지구 주위를 달과 태양이 돌고, 그 태양 주위를 행성이 돈다는 복잡한 구조였다. 티코의 주장을 받아들이면 『성서』 해석을 수정할 필요 없이 금성의 위상 변화도 설명할 수 있다. 17세기 중반에는 지동설이 천문학자들에게 받아들여졌기에 티코의 우주 모델은 수명이 그리 길지 못했다. 그러나 그 주장을 통해 구원을 찾으려 했던 예수회 신부들이 지동설을 소리 높여 비난하며 천동설 측에 서기를 거부했다고 볼 수 있지 않을까.

✤ 금서 목록

검사성성에서 심의를 받고 금서목록성성에서 새로운 금서목록이 공표된 때는 1616년 3월 5일이었다. 그 목록에서는 『칼뱅 신

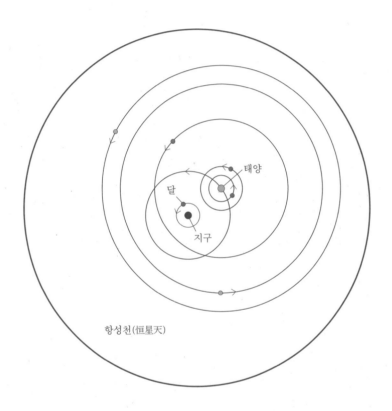

달

태양

지구

항성천(恒星天)

학』을 비롯해 다섯 권의 책에 금서 딱지가 붙여졌고, 다음과 같은 설명이 덧붙여졌다.

또 지동설을 최초로 주창한 사람은 피타고라스라고 여겨졌기에 지동설은 피타고라스 학설이라고 불렀다.

지구가 움직이고 태양이 정지해 있다는 『성서』의 주장에 어긋나는 피타고라스의 학설이 퍼지며 많은 사람이 이 잘못된 주장을 받아들였다. 또한, 당대의 사람들은 니콜라우스 코페르니쿠스의 『천구의 회전에 관하여』와 디에고 데 수니가(Diego de Zúñiga)의 『욥기에 관하여』의 가르침을 익히 들어 알고 있었다. 이는 어느 카멜회 신부가 출간한 편지로도 알 수 있다.

……따라서 이 의견이 만연하고, 다시는 가톨릭 교리에 해를 입히지 못하도록 『성서』는 니콜라우스 코페르니쿠스와 디에고 데 수니가의 책을 수정할 때까지 열람을 정지하도록 결정한다. 다만 카르멜회 신부 파올로 안토니오 포스카리니의 책 『지구의 가능성과 태양의 움직이지 않는 성질에 관한 피타고라스 학파와 코페르니쿠스의 의견에 대한 편지』는 전면적으로 금지하며 응당 죄를 물어야 할 것이다.

이 금서 목록은 3월 1일 금서 목록 성성의 집회에서 여섯 명의 추기경들이 결정한 사안이다. 집회에는 벨라르미누스와 마패오 바르베리니(Maffeo Barberini)도 참석했다. 1630년 3월 16일, 바르베리니(이례적으로 갈릴레오에게 호의를 보인 도미니코회 신부였으며, 나중에 교황 우르바노 8세가 된 인물)가 도미니코회 신부 토마소 캄파넬라(Tommaso Campanella)에게 코페르니쿠스의 지동설에 관해 "저에게 맡겼더라면 그 포고는 나가지 않았을 겁니다"라고 말했다고 한다. 코페르니쿠스에 대한 비교적 온건한 처치는 그들이 전력으로 방어했기 때문이라고 추정할 수 있다.

1620년 5월 15일이 되어 금서목록성성에서 코페르니쿠스의 『천구의 회전에 관하여』의 정오표에 해당하는 내용을 열 개 항목으로 열거했다. 그러나 머리말의 분위기가 1616년과는 미묘하게 달라져 있었다.

금서목록성성의 신부들은 다음과 같이 포고했다. 서명한 천문학자, 니콜라우스 코페르니쿠스의 『천구의 회전에 관하여』는 전면적으로 금지해야 마땅하다. 지구의 위치와 운동 원리를 가설로 다루지 않고 완전한 진실처럼 제시하고 있기 때문이다.

이는 『성서』의 진리와 가톨릭의 해석과 모순되며 기독교 신자로 용인할 수 없다. 그러나 코페르니쿠스의 저작은 일반적으로 매우 유용한 사실을 다수 포함하고 있는 까닭에 이 신부들의 전원 일치 결정은 그가 지구의 위치와 운동을 가설로 논하지 않고 단정하는 몇 개 부분을 다음과 같은 교정에 따라 수정해 인쇄할 것을 허

DECRETVM

Sacræ Congregationis Illustrissimorum S. R. E. Cardinalium, à S. D. N. PAVLO Papa V.
sanctáq; Sede Apostolica ad Indicem Librorum, eorumdémq; permissionem, prohibitionem, expurgationem, & impressionem, in vniuersa Republica Christiana
Specialiter deputatorum, vbiqúe publi. andum.

P. Episc. Albanen. Card. S. Cæciliæ.

F. Franciscus Magdalenus Capiferreus Ord. Præd. Secre.

ROMÆ, Ex Typographia Cameræ Apostolicæ. M.DC.XVI.

금서목록성성의 포고(1616년)

가한다.

코페르니쿠스의 서적에서 적절하게 수정되어야 할 곳의 교정

서문 말미 근처 '만약' 다음과 같은 부분은 '여기 우리들의 노고'까지를 모두 삭제하고, '기타에 대해서는 여기 우리들의 노고'로 한다.

제1권 제5장, "그러나 사안을 상세히 검토하면"이라는 부분은 "그러나 사안을 상세히 검토하면 지구가 세상의 중심인지, 아니면 중심에서 떨어져 있는지는 눈에 보이는 천체의 운동을 구제하려고 하는 한 전혀 중요하지 않다고 여겨진다"로 수정하기로 한다.

같은 책 제8장 전체가 삭제되어야 한다. 이 장에서는 지구의 운동을 명백히 논하며, 지구가 정지해 있다고 증명한 과거의 논의를 부정하고 있기 때문이다.

......

전반 부분에서는 '전면적으로 금지되어야 마땅하다'고 하면서도, 실질적으로 조건을 달아 금지 명령을 각하시켰다. 또한 코페르니쿠스를 '저명한 천문학자'라고 지칭했다. 이 두 가지 점을 고려한다면 아직 온건한 내용이다. 그런데도 1616년의 특별위원회 답신에서는 태양의 움직이지 않는 성질은 '공식적으로 이단'으로 규정되었다. 또한 지구의 운동성은 '적어도 신앙상 오류'였음에도 이번 권고에서는 태양에 대해 전혀 언급하지 않고 지구의 위치와 운동만을 문제 삼았다는 점이 중요하다. 갈릴레오는 자신이 소유한 『천구의 회전에 관하여』에 이 권고에 충실하게 따라 가필하고 수정했다. 그러나 지구의 운동이 신앙에 심각한 문제로 부상했다는 사실은 아무래도 간과했던 모양이다.

✤ 갈릴레오를 둘러싼 성직자들

이 1615년부터 1616년에 걸쳐 진행된 종교재판은 다행히 갈릴레오 자신을 피고로 세우지 않았다. 이 재판 결말은 몇 가지 행운이 겹쳐진 결과였다. 로리니와 카치니의 악질적인 고발이 역효과를 일으키기도 했지만, 갈릴레오의 지원군이 되어 주었던 성직자들이 중요한 역할을 했다.

카치니가 1614년 말에 갈릴레오를 비난하는 강론을 했을 때였다. 그와 마찬가지로 도미니코회 주례 신부로 강론을 총괄했던 루이지 마라피(Luigi Maraffi) 신부는 1615년 10월에 갈릴레오에게 편지를 썼다. 그 편지에서 마라피 신부는 같은 수도회 소속 수도사가 일으킨 불상사가 '무척 유감'이라고 사죄했다. 그는 "3~4만 명의 수도사가 끊임없이 저지르는 어리석은 행동은 모두 제 책임입니다"라고 말했다. 그러면서도 그는 명확히 갈릴레오 지지 의사를 표명했다. 그러므로 적어도 이 시점에서는 지동설을 둘러싸고 종교 대 과학이라는 대립 구도가 형성되지 않았다. 그런데다 일반적으로 지동설에 반대하는 강경파라고 여겨진 도미니코회조차 한통속이 아니었다.

1610년『시데레우스 눈치우스』출간으로 불거진 다수의 논쟁과 비난으로 갈릴레오의 행보는 한층 신중해졌다. 1613년에 출간한『태양흑점론』을 준비하며 크리스토퍼 샤이너에게 받은 편지와 함께 그에게 보낸 자신의 편지 사본을 바르베리니 추기경에게 보냈다. 이 피렌체 출신 추기경은 1623년 교황 우르바노 8세가 되었다. 1633년 그는 갈릴레오를 피고로 세운 종교재판의 방아쇠를 당기지만, 이때만 해도 갈릴레오를 이해해주는 지원자였다. 1612년 1월 13일 그가 쓴 답장에는 "나에게 확실한 사실은 그대가 제출한 고찰로 논파된 의견에는 근거가 없다는 것입니다"라고 적혀 있을 뿐 아니라 자신을 "친애하는 아우, 추기경 바르베리니"라고 칭하고 있다. 갈릴레오는『태양흑점론』을 증정한 후인 4월 20일에도 바르베리니에게 "그대의『태양흑점론』은 손꼽아 기다렸기에 몇 번씩 되풀이해서 읽어도 질리지 않고 무척 만족스럽습니다"라는 감사 인사를 전하기도 했다.

갈릴레오는 태양흑점 발견으로 도출한 결론이『성서』의 기술과 모순되지 않을까 걱정하며, 카를로 콘티(Carlo Conti) 추기경에게도 의견을 구했다. 콘티에게 1612년 7월 7일 받은 편지에는 다음과 같이 적혀 있다.

『성서』가 우주의 구조를 설명한 아리스토텔레스의 원리를 지지하는지 아닌지에 대한 그대의 물음에 대해서 말씀드리자면, 새로운 사실이 사흘이 멀다 하고 하늘에서 발견되고 있다는 그대의 편지를 고려해 그대가 하늘의 가능성을 말하고 있다면 다음과 같은 답을 드릴 수 있겠지요. "『성서』는 아리스토텔레스를 지지하고 있지 않으며, 반대 의견을 지지하고 있습니다. 신부들에게 공통된 의견이라도 하늘은 변할 수 있습니다."

그러나 지구의 운동에 대해서는 지동설이 『성서』와 거의 부합하지 않을 뿐 아니라 일치하는 부분은 『성서』가 민중에게 맞추어 이야기하고 있다고 해석할 때뿐이었다고 덧붙이고 있다. 그러나 이 편지 끝머리에서 콘티는 「욥기」 9장 6절에 대해서는 지구의 운동과 일치한다고 말하는 디에고 데 수니가의 이야기를 소개한다.

바르베리니도 콘티도 예수회 신학교에서 교육을 받았다는 사실을 고려할 필요가 있지만, 고위 성직자는 대체로 갈릴레오에게 호의적이었다. 포스카리니의 서적은 1616년에 금서로 지정되었으나 갈릴레오에게는 아무 죄도 묻지 않았다. 그랬기에 성직자 사이에서는 가설이라면 지동설을 용인할 수 있다고 생각하는 세력이 존재했다. 게다가 토스카나 대공 직속 수석 수학자 겸 철학자라는 갈릴레오의 지위가 재판 결말에 적지 않은 영향을 주었다고 추정할 수 있다.

벨라르미누스의 증명서를 얻었을 뿐 아니라 갈릴레오는 3월 11

일에 교황 바오로 5세와의 알현 허가를 얻었다. 갈릴레오가 토스카나 대공 총리에게 보낸 편지에서는 갈릴레오가 박해자들의 악의적인 고발에 대해 교황에게 고했다. 그러자 교황은 갈릴레오에게 "그대의 고결함과 성실함은 익히 알고 있으며……, 내가 살아 있는 동안에는 아무것도 두려워할 필요가 없다"라고 화답해주었다고 한다. 자신에게 호의적인 결과를 얻어낸 갈릴레오는 알현으로 자신의 결백함을 증명하고 안위를 걱정할 필요가 없게 되었다고 생각하게 되었다.

그러나 교황의 진의는 의심할 필요가 있다. 부오나미치(Giovan Francesco Buonamici)가 1633년 회상에서 "바오로 5세는 지금은 교황 우르바노 8세가 되신 마패오 바르베리니 추기경 예하와 보니파치오 카르티니(Bonifazio Caetani, 1567~1617) 추기경 예하의 반대와 항변이 없었더라면 코페르니쿠스 체계는 몇몇 부분이 『성서』의 가르침에 어긋날 뿐 아니라 오류를 범해 이단으로 표명되었을지 모른다"라고 말했기 때문이다. 그 당시 부오나미치는 토스카나 대사의 비서를 맡고 있었다.

이러한 사실로 알 수 있듯, 1616년 종교재판에서의 결정은 로마 교회 내에서의 역학 관계의 결과로 도출된 것이었다. 더욱이 이 역학 관계는 아슬아슬한 균형을 이루고 있었기에 아주 사소한 계기만 있어도 손바닥 뒤집듯 판세가 뒤집힐 수 있는 위태로운 관계였다.

GALILEO GALILEI LINCEO FILOSOFO E MATEMATICO DEL SER.mo GRAN DVCA DI TOSCA.

5

『천문대화』

벨라르미누스 추기경의 경고를 받고 나서 갈릴레오는 한동안 몸을 사리며 천문학에 관한 발언을 애써 삼갔다. 예외적으로 로마에서 돌아온 직후 토성의 위상 변화를 깨닫게 된 사건이 있었다. 그의 망원경 해상도로는 토성의 고리를 확인할 수 없었다. 그저 토성 본체에 두 개의 기묘한 물체가 딸려 있다는 정도만 관찰할 수 있었다.

또 한 번의 예외는 1613년 스페인 정부에 제공했던 목성의 위성을 이용하는 경도 결정법을 1616년에 다시 제안했던 정도다. 그 제안 내용에 따르면, 어디에서나 목성의 위성을 관측할 수 있으므로 특정 지점의 시각을 알 수 있고 특정 지점과 현재 위치와의 시차, 즉 경도 차이를 계산할 수 있다고 한다. 다만, 특정 시각에 특정 지점에서 관측되는 네 개의 목성 위성 배치를 예측할 수 있다는 전제하에 그렇다. 이는 목성의 위성을 시곗바늘처럼 활용할 수 있다는 매우 참신한 주장이다.

　행성의 고도를 관측해 손쉽게 알아낼 수 있는 위도와는 달리 경도 결정법은 대양으로 진출하는 항해에 절실하게 필요한 기술이었다. 그러나 이리저리 흔들리는 배 위에서의 천문 관측은 실용적이라고는 할 수 없었다. 그러므로 갈릴레오의 제안은 채용되지 않았고 그대로 사라졌다. 어쨌든 갈릴레오의 활동 중심은 우주의 구조를 생각하는 일반적인 연구에서 개별적 또는 실용적인 분야로 옮겨갔음을 알 수 있다.

♱ 평온한 나날 속에 점점 커져만 가는 위험

　갈릴레오가 천문학 연구에 복귀한 계기는 '혜성 출현'이다. 1618년 가을에 혜성이 세 개씩이나 연거푸 출현하자 오스트리아의 레오폴드 대공이 그에게 자문했기 때문이다. 갈릴레오는 1617년 말에 병을 얻어(그는 류마티스와 통풍이라는 지병을 앓고 있었다) 병석에 누워 지냈다. 따라서 이 혜성을 관찰할 엄두를 내지 못했다.

　그래도 1619년에 자신의 견해를 제자인 마리오 귀두치(Mario Guiducci, 1583~1645)의 이름으로 『혜성에 관한 논의』(Disputes about comets)로 정리해 출간했다. 갈릴레오는 혜성들은 지상에서 피어오른 증발물이 태양 광선을 반사해 보여주는 눈속임에 불과하다고 말했다. 그가 실제로 관측했더라면 다른 결론을 내렸을지 모르겠다. 아무튼, 혜성은 달보다 아래의 기상 현상이라는 아리스토텔레스의 견해에 한없이 가까워졌다.

이에 대해 예수회 오라치오 그라시(Orazio Grassi, 1583~1654) 신부가 『천문학과 철학의 균형(Libra astronomica ac philosophica)』이라는 책을 출간해 반박하고 나섰다. 갈릴레오가 제자의 이름을 빌렸듯 그라시 신부 역시 본명 대신 로타리오 사르시 시젠차노(Lotario Sarsi Sigenzano)라는 필명을 사용했다. 예수회는 소속 교단원이 논쟁에 가담하는 걸 달가워하지 않아 금지했기 때문일 것이다. 그라시 신부는 티코 브라헤의 혜성에 대한 견해에 따라 고찰한다면 혜성은 태양과 달 사이에 있다고 결론 내렸다.

그러자 갈릴레오가 실명으로 『분석자(Il Saggiatore)』라는 책을 1623년에 출간해 도전장을 받아들였다. 그라시 신부의 책은 갈릴레오를 지목해 비판하지 않았다. 반면 갈릴레오의 책은 상당히 신랄한 내용이었다. 『천문학과 철학의 균형』의 본문을 직접 인용하며 반론을 덧붙이는 형태로 내용을 풀어나갔다. 행간에서 갈릴레오가 교묘한 문장력으로 논쟁 상대를 완벽하게 때려눕히려고 애썼다는 인상을 준다. 이 과정에서 그라시 신부는 자존심에 몹시 상처를 입었던 모양이다. 논쟁 주제는 혜성이었고 갈릴레오는 잘못된 아리스토텔레스의 견해를 피력했기에 『성서』에 저촉될 염려는 없었다.

그러나 그라시 신부는 로마 기숙학교에 적을 둔 수학자였다(태양 흑점 논쟁 상대였던 크리스토퍼 샤이너는 독일 잉골슈타트(Ingolstadt)대학교 교수였기에 로마 기숙학교 중추부에 영향력을 행사할 수 있었다고는 생각할 수 없다). 갈릴레오는 자신에게 아량과 배려를 보여주었던 예수회 신부를 적으로 돌린 꼴이다. 어제의 지지자를 오늘의 적으로 만든 갈릴레오의 행보가 그를 1633년 종교재판의 소용돌이 속으로 끌어들였다고 볼 수도 있다.

갈릴레오 자신도 예수회 신부들의 음모를 의심했던 모양이다. 그러나 예수회 신부들이 재판 향방을 좌지우지했다는 근거는 발견하지 못했다. 재판 후인 1633년 9월 22일에 그라시 신부가 "갈릴레오는 어땠을지 모르지만, 저는 그를 무척 좋아했기에 그의 재판 소식을 듣고 딱하게 생각했습니다"라고 피사대학교 철학 교수인 같은 예수회 소속 신부 지롤라모 바르디니에게 말했다. 이러한 발언으로 보아 그라시 신부가 갈릴레오를 함정에 빠뜨렸다고는 생각할 수 없다.

『분석자』는 혜성뿐 아니라 다방면에 걸친 내용을 다루었다. 또 단편적이기는 하지만 그의 자연관과 과학론을 펼쳐 보였기에 갈릴레오에게 천문학과는 다른 의미에서 중요한 저작이었다. 특히 다음 부분은 그가 자연 연구를 어떻게 생각하는지를 명확히 보여준다.

과학은 눈앞에 끊임없이 펼쳐지는 아주 거대한 책(즉, 우주) 속에 적혀 있다. 그러나 먼저 그 책에서 사용하는 언어를 이해하고 문자를 해독하는 방법을 배우지 않는 한 이해할 수 없다. 이 책은 수학 언어로 집필되었는데, 문자는 삼각형과 원, 혹은 기타 기하학 도형

VRBANVS VIII BARBERINVS
PONTIFEX MAXIMVS

교황 우르바노 8세

이며 이러한 수단 없이는 인간의 힘으로는 이 책의 언어를 이해할 수 없다. 여기서는 우주를 『성서』와 비견되는 또 한 권의 책에 비유하며 자연 연구에서도 신의 위대함을 깨달을 수 있다는 갈릴레오 자신의 신념을 이야기하고 있다.

다행히, 이 책이 출간될 무렵 마패오 바르베리니 추기경이 교황으로 선출되어 우르바노 8세가 되었다. 갈릴레오는 린체이 아카데미(Lincei dei Accademia) 회원들의 조언에 따라 부랴부랴 새 교황에게 바치는 헌사를 작성해 제목에 바르베리니 가문의 문장인 세 마리 벌 그림까지 찍어 헌상했다. 교황은 갈릴레오가 보낸 『분석자』에 매료되어 식탁에서 낭독했을 정도다.

한때 갈릴레오의 제자였던 카스텔리는 수력학 전문가로 교황령에서 치수 사업에 참여했는데, 스승을 위해 여러모로 힘쓰며 든든한 인맥이 되어주었다. 제자 덕분에 갈릴레오는 1626년부터 교황의 두 조카의 가정교사로 로마에서 살게 된다. 또 17세기 초, 피렌체에서 만나 이후 갈릴레오의 열렬한 지지자가 되어주었던 조반니 참폴리(Giovanni Ciampoli)는 교황의 측근이 되었다.

또한, 교황의 조카이자 카스텔리니에게 가르침을 받은 프란체스코 바르베리니는 추기경이었다. 바르베리니는 추기경이 된 이튿날에 린체이 아카데미 회원으로 선출되었다. 그 덕분에 로마에 갈릴레오의 강력한 아군이 등장했다.

마패오 바르베리니가 교황으로 선출된 직후인 1623년 10월에 갈릴레오는 체시(Cesi)에게 편지를 보냈다. 그는 편지에서 우르바노 8세 선출은 기적적인 인연이라고 적었다. 갈릴레오에 따르면, 상황이 호전되며 그에게 '학문의 세계'에서의 중대한 변화 가능성을 생각할 기회를 주었다고 한다. 그는 예순 고개를 넘으려던 자신의 나이를 잘 알고 있었다. 이러한 변화가 "이 기적적인 인연이 실현되지 않았더라면 같은 상황이 (적어도 내 인생에서는) 두 번 다시 기대할 수 없고 일어날 수도 없는 일이다"라고 잘라 말하고 있다.

상황은 급작스럽게 갈릴레오에게 유리한 방향으로 돌아갔다. 갈릴레오는 이제 걱정할 일이 없다며 안도의 한숨을 내쉬었다. 그런 다음 그는 다시 연구에 전념하고 싶어 했다. 그는 현안이었던 '조수 현상'을 주제로 다루는 책 집필에 몰두했다. 1629년 11월에 갈릴레오는 스페인 마드리드에 있던 부오나미치(Buonamici)에게 스페인의 조수 간만 현상에 관해 물었다. 부오나미치에게 스페인에서도 간만은 12시간 주기로 일어난다는 답장이 돌아왔고, 갈릴레오는 자신의 이론을 보강했다.

이 책은 『천문대화(Dialogo sopra i due massini sistemi del mondo)』라는 제목으로 1632년에 출간되었다. 그러나 그의 계획은 오르시니 추기경에게 증정한 「조수 간만에 대한 논의」를 확장해 조수 간만과 지구의 운동을 관련지어 설명하는 것이었다. 그랬기에 이 책이 지동설, 특히 지구의 공전과 자전을 전제로 삼는 것은 논리적으로 당연했다.

조수 간만을 주장하는 한, 1616년 특별위원회의 보고에서 '공식적으로 이단'으로 간주한 태양의 정지에 관한 논의를 교묘하게 피

17세기 초, 피렌체에서 만나 이후
갈릴레오의 열렬한 지지자가 되어주었던 조반니 참폴리는
교황의 측근이 되었다.

해 나갈 수 있다. 또 1624년에 교황 우르바노 8세는 촐레른 추기경에게(Cardinal Zollern) "교회는 코페르니쿠스의 가르침을 이단으로 규탄하지 않았다. 이는 경솔한 처사일 뿐이다"라고 말했기에 갈릴레오가 신중한 언어를 선택한다면 이단 혐의는 피해 나갈 수 있었으리라.

✤ 『천문대화』 출간

『천문대화』 집필은 갈릴레오가 수시로 몸져누우며 좀처럼 진척을 보이지 못했다. 그러다가 그는 1629년 연말이 되어서야 가까스로 원고를 완성했다. 갈릴레오는 같은 해 12월 24일에 체시 앞으로 보내는 편지에서 "제 대화를 항구 근처까지 몰고 왔습니다.…… 이제 의례적인 머리말과 대화 첫머리와 그에 이어지는 내용을 관련지을 일만 남았습니다"라고 보고한다. 이 책은 대화 형식으로 구성되었다.

책 속에는 갈릴레오의 의견을 대변하는 살비아티와 아리스토텔레스와 프톨레마이오스의 의견을 대변하는 심플리치오, 중립적 입장의 사그레도라는 세 인물이 나흘에 걸쳐 각자의 의견을 다툰다는 내용이 나온다.

일반적으로 『천문대화』라고 부르는 이 책의 정식 제목은 『피사 대학교 특별 수학자, 토스카나 대공 전속 철학자 겸 수석 수학자,

린체이 아카데미 회원, 갈릴레오 갈릴레이의 대화, 나흘간의 회동으로 프톨레마이오스와 코페르니쿠스와의 양대 세계 체계에 대해 논할 수 있다』라는 매우 긴 제목이었다. 실제 책 내용은 천문학에 국한되지 않고 다양한 분야를 넘나든다. 먼저, 첫째 날에는 아리스토텔레스의 철학이 도마 위에 올라 비판받는다. 둘째 날에는 지상에서의 운동을 논한다. 드디어 셋째 날에는 코페르니쿠스의 지동설의 정당성을 보여주기 위해 금성의 위상 변화와 목성의 위성, 태양 흑점 등, 갈릴레오 자신이 발견한 사실을 소개한다. 넷째 날에는 갈릴레오에게 지동설에 대한 확신을 심어준 조석 현상에 관한 논리를 전개한다.

이 대화 형식은 저자의 주장을 분명하게 드러내지 않고 양쪽 주장을 공평하게 서술한다는 인상을 주려는 의도에서 나온 것을 보였다. 그러나 어쨌든 갈릴레오 이외의 여러 저자가 대화체를 선택했다는 사실로 보아 당시 기준으로는 평범한 방식이었던 모양이다. 그의 아버지 빈센초 갈릴레이(Vincenzo Galilei, 1520~1591)의 『고대 음악과 현대 음악과의 대화(Dialogo della musica antica e della moderna)』 역시 대화 형식을 채용했다. 또한 갈릴레오 갈릴레이 자신도 대화 형식의 책을 몇 권이나 집필했으며, 이후로도 몇 권의 대화 형식 책을 출간한다.

갈릴레오는 새 책을 로마에서 내고 싶었다. 『분석자』를 냈을 때처럼 로마에서라면 체시와 린체이 아카데미 회원들의 도움을 얻을 수 있다. 마침 로마에서 출판을 허가하는 검사성성 장관 자리에 니콜로 리카르디 신부가 앉아 있었다. 1622년에 리카르디 신부는 검사성성 고문으로 『분석자』 출판을 허가한다는 답장을 보내주었을 뿐 아니라 이 책에 이례적으로 추천사를 써주었다. 그런 터라, 이번에도 갈릴레오에게 호의적인 검열이 이루어지리라고 충분히 예상할 수 있었다.

1630년 5월이 되어 갈릴레오는 로마로 떠났다. 로마에 도착한 갈릴레오는 출판을 허가받기 위해 여기저기 분주히 뛰어다니기 시작했다. 갈릴레오의 그런 노력이 빛을 발했는지는 알 수 없지만, 어쨌든 리카르디 신부에게 개정 일을 맡겼던 같은 도니니코회 소속 라파엘로 비스콘티(Raffaello Visconti) 신부는 6월 16일에 갈릴레오에게 낭보를 전한다.

장관 신부가 인사를 보내와 그 책이 마음에 드니 다음 날 아침 교황 성하와 책 표지 그림에 관한 이야기를 나눌 예정이라고 하십니다. 나머지 부분은 합의한 몇몇 부분을 조정하고 책을 반납할 예정입니다.

갈릴레오는 교황과의 알현을 윤허 받았으며, 프란체스코 바르베리니 추기경에게 성찬식 초대까지 받고 만족해서 피렌체로 돌아갔다. 그러나 갈릴레오가 로마를 떠난 10개월 후 체시가 갑작스럽게 세상을 떠났다. 이후 사태는 급물살을 탔다. 엎친 데 덮친 격으로 페스트가 창궐하며 문제가 복잡하게 꼬이기 시작했다. 유럽

인구를 3분의 2로 격감시킨 14세기 중반 페스트 대유행 이후로도 페스트는 수시로 등장해온 유럽을 공포의 도가니로 몰아넣었다. 피렌체에서는 1630년에 대규모 유행이 있었으며, 이후로도 한 해가 멀다 하고 감염자가 속출했다.

이 반갑지 않은 손님이 찾아올 때마다 토스카나 대공과 교황령 국경 지대에서 검역이 이루어졌다. 검역 기간에는 로마로 향하는 여행자의 발이 속절없이 묶이곤 했다. '검역'이라는 의미의 단어 quarantine은 이탈리아어로 숫자 '40'을 의미하는 'quaranta'에서 유래했다. 당시 일반적으로 역병이 돌면 40일 동안 격리 조치가 이루어졌는데, 그런 상황을 담은 어휘였다.

5월 로마 방문에서 얻은 『천문대화』 출판 허가는 잠정적이라 정식 출판 허가는 추가로 이루어질 수정을 기다려야 했다. 체시가 건재했더라면 최종 원고를 그에게 보내 교섭을 맡길 수 있었으리라. 국경 근처에서 검역이 이루어진 피렌체와 로마 간의 왕래가 곤란해지지 않았더라면 갈릴레오 자신이 다시 원고 보따리를 싸 들고 로마로 떠났으리라. 초조해진 갈릴레오는 로마 출간을 단념하고 피렌체 출간을 궁리하기 시작했다.

토스카나 대공 페르디난도 2세까지 끌어들인 물밑 교섭 끝에 가까스로 피렌체에서 출간해도 좋다는 허가가 떨어졌다. 그러나 이미 지적했듯, 검사성성 장관의 출간 허가권은 로마에서만 효력이 있다. 따라서 다시 피렌체에서 이단 심문관에게 출판 허가를 받아야 했다.

1631년 5월 24일, 검열을 담당하게 된 피렌체 이단 심문관 클레멘테 에지디 신부에게 다음과 같은 편지를 보낸다. 이 편지에서 당시 상황과 진행 과정에 대한 풍부한 단서를 얻을 수 있기에 전문을 인용하기로 한다.

  갈릴레오는 예전에 『조수 간만에 대하여』라는 제목으로 집필한 책을 출간하려고 합니다. 이 책에서는 지구가 움직인다는 코페르니쿠스의 체계를 개연성 있는 주장으로 논합니다. 코페르니쿠스의 주장을 지지하는 관점에서 바라본다면 자연의 위대한 비밀을 쉽게 이해할 수 있고, 그 사실의 유용성으로 정당성을 분명하게 입증할 수 있다고 주장합니다. 그는 로마로 와서 자신의 책을 보여주고 우리 서명을 받아내려 했습니다. 최종적으로 인쇄 허가를 받으려면 조정과 재제출이라는 절차를 거칠 필요가 있기 때문입니다. 원점으로 돌아갈 길은 막혔고, 위험하더라도 어차피 엎질러진 물은 주워 담을 수 없는 법. 저자는 자신의 책무를 완수하기를 희망하고 있으니 신부님(에지디 신부)께서는 당신의 권위를 행사하고 우리의 검열과는 독립적으로 이 책을 승인하거나 승인하지 않을 수 있습니다. 그러나 우리의 주인(교황)께서는 다음과 같이 생각하신다는 점을 유의하시기 바랍니다.

  제목과 주제는 조수 간만에 대해서뿐 아니라 절대적으로 지구의 운동에 관한 코페르니쿠스적 견해의 수학적 고찰을 제시해야 한다. 그 목적은 하느님의 가르침과 신성한 교리를 제외하고 경험과 소요학파(아리스토텔레스주의자)의 철학에서 도출할 수 있는 반론을 모두 해명한다. 또한 이 주장을 지지하는 관점에서 바라본 현상을 논리적으로 정당하게 설명할 수 있음도 증명해야 한다.

이 의견은 결코 절대적 진리가 아니며, 가설에 지나지 않고, 『성서』와는 별개의 것이 된다. 또 다음과 같은 사실을 보여주어야 한다. 이 책은 이와 같은 입장에서 도출되는 논의는 모두 알려져 있으며, 관련 지식이 부족함이 판명되어 로마에서 포고가 이루어지지 않았음을 보여주기 위해서만 집필했다.

이 책의 첫머리와 말미가 조화를 이루어야 하니 책의 일관성을 유지하기 위한 수정 작업을 거쳐 보내려 합니다. 이 정도로 조심한다면 이 책에는 이곳 로마에서의 걸림돌은 없겠지요. 존경하는 신부님께서는 저자를 만족시키고, 이 건으로 여러모로 신경 쓰신 전하(토스카나 대공)에게도 보답할 수 있는 길이 될 것입니다.

이 편지로 갈릴레오가 한 해 전에 로마로 보낸 원고 제목은 『천문대화』가 아니라 『조수 간만에 대하여』였다는 사실을 알 수 있다. 검사성성 장관과의 교섭 과정에서 아마 교황의 의견까지 반영해 제목을 변경했던 모양이다. 제목을 바꾸며 아마 전체적인 구성까지 고쳐야 했을 것이다.

갈릴레오가 로마에 머무르는 동안 비스콘티 신부가 원고를 훑

어보고 수정했다. 그러나 당시 리카르디 신부는 눈코 뜰 새 없이 바빠 원고를 읽을 겨를이 없었다. 리카르디 신부가 최종적으로 확인할 수 있었던 원고는 책임지고 확인하겠다고 말했던 말머리와 말미 부분이 고작이다. 대부분의 본문 검열은 피렌체 이단 심문관 에디지에게 맡겨졌다. 따라서 책 전문을 읽을 수 있었던 사람은 갈릴레오를 제외하면 아무도 없다는 결론에 도달한다.

또한 이 이단 심문관은 로마 교황이 임명했음에도 불구하고 실질적으로는 토스카나 대공을 섬겼다는 사실을 편지를 보면 충분히 짐작할 수 있다. 팔은 안으로 굽는 법, 갈릴레오에게 호의적인 검열이 이루어졌으리라는 점 정도는 누구나 예상할 수 있다. 다만 이 검열이 교황과 검사성성 장관을 모두 만족시킬 수 있었는지는 별개 문제다.

에디지는 인쇄 허가를 내주었다. 이미 인쇄에 들어간 7월 19일이 되어서야 리카르디 신부가 수정한 서문과 결론 부분을 보내왔다. 그 서문은 그대로 『천문대화』에 실렸다. 결론 부분은 "말미에는 이 서문과 머리말과 일관된 맺음말이 들어가야 합니다. 즉, 갈릴레오는 우리의 주인이신 교황 성하께서 그에게 말씀하신 하느님의 전능하심을 논의하는 구절을 책에 추가해야 합니다. 예를 들어 피타고라스학파의 논의에서 벗어나지 못하더라도 이 사실로 지성을 소홀히 다룰 게 틀림없습니다"라는 첨삭이 있고 추가 수정을 요구했다.

리카르디 신부가 보내온 서문은 다음과 같이 시작한다.

지난해, 로마에서 영혼의 구제를 촉구하는 포고가 내려졌습니다. 당시의 위험한 소동에 대처하는 조치로, 지구의 운동에 대한 피타고라스학파의 의견에 침묵을 명하는 시의적절한 것이었습니다.

자연히 말미에는 지동설을 부정하고 전능하신 하느님께서 어떻게 우주를 창조하셨는지를 이야기하는 취지의 문장이 들어갔으리라.『천문대화』를 세 명의 대화로 마무리 짓는다면 어떠한 문장이 만들어질지 온전히 갈릴레오의 몫으로 남겨진 셈이다.

이듬해인 1632년 2월에『천문대화』는 당시 기준으로는 넉넉하게 1,000부를 인쇄했다. 나중에 문제가 되지만 표지 그림 뒤에 출판을 허가했던 다섯 명의 이름이 들어갔다. 그중에는 피렌체의 이단 심문관 에디지뿐 아니라 피렌체 출판을 허가할 권한이 없었던 검사성성 장관 리카르디의 이름까지 버젓이 포함되어 있었다.

22일에 갈릴레오는 토스카나 대공에게 책 한 권을 헌상한다. 갈릴레오가 로마 요인들에게 책을 보내려면 페스트 검역이 완화될 때까지 기다려야 했다. 겨우 5월 말이 되어서야 친구 피에트로 마갈로티에게 책 여덟 권을 맡겨 인편으로 로마로 전했다.

이 책들은 추기경 프란체스코 바르베리니, 검사성성 장관 리카르디, 로마 주재 토스카나 대사 프란체스코 니콜리니, 조반니 참폴리, 토마소 캄파넬라, 검사성성 고문 로도비코 세리스토리(Lodovico Serristori), 로마 기숙학교 교수 레온 산티 손에 들어갔고, 마지막으로 마갈로티 자신이 한 권을 가졌다.

5월 29일, 프란체스코 바르베리니에게 넘겨받은『천문대화』를 읽은 카스텔리니에게 소감을 담은 편지가 왔다. "머리부터 발끝까지 놀라움과 환희를 주는 책입니다. 처음부터 끝까지 잘 읽었습니다"라는 감격이 담긴 소식이 전해져 왔다. 그러나 7월 25일이 되자, 리카르디에게 피렌체의 에디지 앞으로 폭풍 전야를 예고하는 편지가 보내졌다.

갈릴레오의 책을 받아 보았습니다만, 탐탁지 않은 부분이 몇 곳 보입니다. 교황 성하께서는 무슨 수를 쓰더라도 수정하시기를 원합니다. 우선 그분은(우리 이외의 이름은 사용해서는 안 됩니다) 책을 압수하고, 앞으로 수정해야 할 부분을 보내지 않는 한 피렌체에서 책을 내서는 안 된다, 하물며 외국에 보내서는 안 된다고 명령하셨습니다. 신부님께서는 교황 사절로 그분의 뜻을 헤아리시어 온당하게 행동하며 만사에 해가 없도록 두루두루 선처하시기를 빕니다.

그러나 종교재판이 정식으로 개시될 때까지 아직 몇 번의 우여곡절을 더 거쳐야 했다.

✤ 교황의 진노

리카르디가 에디지에게 전한 압수 명령은 로마 교황이 직접 내린 명령이라는 사실은 의심할 여지가 없다. 그렇다면 책의 어떤 부분이 교황의 심기를 거슬렀을까? 교황이 어떤 부분을 못마땅하게 여겼는지 알아둘 필요가 있다.

리카르디가 에디지 앞으로 보낸 편지에는 꽤 흥미로운 추신이 있다.

"존경하는 에디지 신부님, 우선 세 마리 물고기 그림이 인쇄소의 것인지 갈릴레오 자신의 것인지 알아보고 알려주시길 바랍니다. 그 그림을 사용한 의도에 대해서도 속히 조사에 착수해주십시오."

분명히 표지그림 아래에 돌고래 세 마리가 원을 그린 그림이 그려져 있다. 바르베리니는 교황 취임 직후에 친인척을 요직에 등용했다. 그는 남동생과 두 조카까지 총 세 명을 교황청 중책에 앉혔다. 말하자면, 일종의 낙하산식 보은 인사인 셈이다. 도둑이 제 발 저린다고, 인사권을 공평하게 행사하지 않은 자신을 갈릴레오가 야유했다고 곡해했을 가능성도 있다. 그 그림은 『천문대화』를 출간한 란디니(Landini) 서점의 상표에 지나지 않았음이 밝혀졌다. 다행히 교황의 우려는 사라졌다.

그러나 교황은 의심의 눈길을 거두지 않았다. 그가 마갈로티에게 갈릴레오의 제자이자 친구인 마리오 구이두치(Mario Guiducci, 1583~1646) 앞으로 보낸 8월 7일 편지에는 리카르디의 불만이 고스란히 담겨 있다. 이번에 제기된 불만은 조금 더 심각했다. "검사성성 장관은 책이 원래대로 인쇄되지 않았고, 특히 갈릴레오가 코

『천문대화』의 표지그림

페르니쿠스의 의견을 틀렸다고 수긍하게 하지 못했으며, 교황 성하가 몸소 생각해내신 두세 가지 논증이 말미 부분에 빠져 있었다"고 적혀 있다. 물론 이는 리카르디 자신의 불만이 아니라 교황의 불만을 대변한 것이다.

이 '교황 성하께서 몸소 생각해내신 두세 가지 논증'이 무엇이었는지 이 편지에는 적혀 있지 않다. 그나마 추측할 수 있는 미약한 실마리는 우르바노 8세 전속 신학자인 아고스티노 오레조 (Agostino Oreggi, 1577~1635)가 1629년에 출간한 『유일신에 대하여』속에 있다. 책에서는 우르바노 8세와 갈릴레오와의 사이에 다음과 같은 대화가 오갔다고 소개한다. 언제였는지는 명시하지 않았지만 우르바노 8세가 아직 추기경이었던 시절이었다는 사실로 보아 1623년 이전이었다는 건 확실하다.

책에서 바르베리니 추기경은 친분이 있던 갈릴레오에게 하늘의 운동에 대한 갈릴레오의 생각은 『성서』의 가르침에 어긋나며, 그와 같은 과학적 견해는 하느님의 속성 중 몇 가지를 부정하는 것이라고 이야기했다고 한다. 어디까지나 가설이지만 지동설을 논하는 데 문제가 없었다면 심각하게 받아들여야 할 부분은 후반 부분일 터다.

마찬가지로 마갈로티가 구이두치 앞으로 보낸 9월 4일 편지에는 서문이 본문과 다른 활자로 조판되어 있다. 즉 「독자 여러분께 드리는 글」이라는 제목이 붙은 서문은 입체 활자로, 본문은 이텔릭체로 인쇄되어 있었다. 일부러 다른 서체를 쓰면서까지 서문ㆍ

본문과는 전혀 관계가 없다는 인상을 심어주고자 했던 리카르디의 노골적인 의도가 드러난다.

이 서문에서 마갈로티는 앞으로 코페르니쿠스의 지동설을 '순수하게 수학적 가설'로 다룰 것이라고 당당히 선언했다. 또 "교황 성하의 논의에 관해서는 책의 마지막 부분에 한 가지만 다루었을 뿐 전편을 아울러 거의 존경을 보이지 않고, 오히려 조소와 냉소의 대상이 되는 심플리치오의 입을 빌려 말하고 있다"고 날카롭게 지적했다.

활자 문제는 다시 다루겠지만 그다지 심각해 보이지는 않는다. 교황의 논의는 앞의 교황의 '두세 가지 논증'과 마찬가지로 심각하다. 『천문대화』 마지막에 갈릴레오는 아리스토텔레스와 프톨레마이오스의 대변자인 심플리치오에게 다음과 같은 발언을 하도록 유도한다.

나는 학식이 가장 뛰어나며 탁월했습니다. 그 앞에서는 침묵하지 않을 수 없는 사람에게 가르침을 받은 가장 견고한 학설을 가지고 있다고 믿습니다. 그러므로 너희 두 사람이 하느님은 그 전지전능하심으로 물의 원소에서 볼 수 있을 법한 왕복운동을, 용기를 움직이는 것과는 다른 방식으로 부여했는지 아닌지를 묻는다면 너희들은 하느님은 그리 하실 수 있었고, 우리의 지성으로는 상상조차 할 수 없는 다양한 방식으로 그리하셨다고 대답했다고 말할 수 있겠지요. 그러니 이 자리에서 결론을 냅시다.

다른 사람들이 하느님의 능력과 지성을 자신의 좁은 소견 안에 가두는 것은 지나친 오지랖이다. 갈릴레오의 대변자인 살비아티와 사그레도의 건방지고 오만한 발언과는 대조적으로 전편을 아울러 비판과 부정의 대상이 되었던 심플리치오에게 교황의 논의를 거론하게 만든 처사는 너무도 부당하고 부적절하다. 또한, 심플리치오의 뒤를 이어 "놀랍고도 천사처럼 고귀한 말씀이구료!"라는 살비아티의 발언도 심플리치오에게 보내는 찬사라기보다는 은근히 조롱하는 말처럼 들린다. 마갈로티는 "다른 두 사람의 입으로는 차마 이야기할 수 없었습니다"라고 갈릴레오를 변호해주지만 급조한 변명이 교황에게 통할 리가 없다.

교황이 표지그림 속 돌고래 도안과 서문의 활자까지 의심한 데도 그럴만한 배경이 있었다. 한때 충실한 지기였던 갈릴레오가 자신의 충고를 따르지 않은 내용을 가득 채운 『천문대화』를 출간했던 이유를 교황으로서는 도무지 이해하기가 어려웠다. 즉, 한때나마 친구라고 여겼던 갈릴레오가 아닌 밤중에 홍두깨처럼 변심한 이유와 진의를 온전히 파악하기 어려웠기 때문이라고 추측할 수 있으리라.

이 편지를 보낸 9월 4일 즈음에는 사태가 새로운 단계로 접어들고 있었다. 교황은 토스카나 대사인 니콜리니에게 『천문대화』를 심의할 특별위원회가 설치되었다고 통고한다. 이제 상황은 교황의 사적 원한 단계를 훌쩍 넘어섰다. 사태가 급물살을 타며 불경한 갈릴레오를 공적 심판대에 세워야 할지 말지를 논하는 단계로 넘

400년 전, 그 법정에서는 무슨 일이 있었나?

어갔다.

어쨌든 갈릴레오는 교황의 심기를 거슬러 종교재판에 회부되는 불상사를 맞이했다. 그렇다고 재판도 하기 전에 유죄 선고가 확실하다는 생각은 지나치게 성급하다. 사흘 후인 7일에 니콜리니를 다시 알현한 교황은 그에게 "(갈릴레오는) 검사성성에 불려오지 않도록 행동거지를 조심해야 한다"고 말했다. 적어도 이 시점에서는 심판의 대상이 책인지 저자 자신인지 결정되지 않았음을 알 수 있다.

마칼로티는 9월 4일 편지에서 "요청한 대로 주의 깊게 사소한 부분을 삭제하거나 추가하"리라 예측했으며, 그 정도면 충분하다고 생각했다. 9월 11일 니콜리니가 본국으로 보낸 보고에 따르면, 리카르디는 "몇 부분을 받아들이기 쉬운 형태로 조정하려고 노력했다"라고 썼다.

9월 25일에 프란시스코 바르베리니 추기경도 피렌체의 교황 사절인 지오반니 볼로네티(Giovanni Bolognetti)에게 "갈릴레오의 책에 몇몇 의심스러운 부분이 보였기에 대공 전하께서 심려를 표하신 터라 교황 성하께서는 특별위원회 위원을 임명하셨다"라고 말했다. 이런 정황을 근거로 판단할 때 이때까지 심판의 대상은 사람이 아니라 책이었다.

최악의 경우를 가정하더라도 코페르니쿠스의 『천구의 회전에 관하여』에 내려진 처분과 마찬가지로 새롭게 금서로 지정하거나 개정할 때까지 검열 정지 처분을 내리는 정도의 결론을 예상했을 수도 있다.

✦ 폭풍 속의 로마

1632년 여름부터 가을에 걸쳐 갈릴레오의 새 책을 화제로 삼은 어마어마한 수의 편지가 이탈리아 전역을 날아다녔다. 편지 중에는 예수회 신부들이 갈릴레오를 함정에 빠뜨리려 한다는 음모론을 거론하는 내용이 빠지지 않았다. 또 교황청 내부의 파벌 다툼에 관한 내용도 등장했다. 편지는 이탈리아 방방곡곡을 오가며 갖가지 음모와 내분을 전했다. 앞에서 인용했던 8월 9일에 마갈로티가 보낸 편지에도 "예수회 신부들이 이 책을 금서로 지정하려고 음험한 방식으로 활발하게 움직이고 있다"고 조심스럽게 추측하고 있다. 갈릴레오 자신도 이듬해 1월에 "예수회 신부들이 내 책을 혐오스러운 산물로 치부하고, 루터와 칼뱅의 책보다 교회에 해를 끼치는 불온한 서적이라는 생각을 요인들 머릿속에 불어넣으려고 한다"고 말한다.

교황이 친구라고 믿었던 갈릴레오의 난데없는 변심을 선뜻 믿기 어려웠듯 갈릴레오 쪽에서도 열렬한 지지자였던 교황이 자신의 새 책을 문제로 삼으리라고는 생각하기 힘들었다. 그런 터라, 갈릴레오는 예수회 신부들이 자신을 함정에 빠뜨리려고 음모를 꾸몄다고 생각했는데, 그것은 논리적으로 합당했다.

정말로 예수회 신부들의 음모였다고 치더라도 그들의 계략이 갈릴레오를 종교재판으로 내몰았던 결정적 사유가 되었다는 증거는 없다. 30년 전쟁 도중에 펼쳐진 추기경들의 세력 다툼으로 교황의 고뇌가 깊어졌다고는 하지만 그 정도로 재판에 직접 영향을 미쳤다고는 생각할 수 없다. 그러나 교황청 내부의 내분을 위해 갈릴레오 편을 들었던 세력이 로마에서 축출되었다는 사실은 이쯤에서 살펴둘 가치가 있다.

갈릴레오의 입지를 불리하게 만든 사건은 체시의 죽음만이 아니었다. 교황의 심복이었던 조반니 참폴리(Giovanni Ciampoli)가 실각하고, 1632년 11월에 이탈리아 동부 소도시 몬탈토(Montalto)의 행정관으로 좌천당했다. 그 바람에 갈릴레오는 로마에서 자신의 든든한 지지자를 두 명이나 잃게 되었다.

교황을 측근에서 보좌하며 권력의 중추에 있던 사람이 실각하는 경우는 그다지 이례적인 사건이 아니었다. 새 교황이 선출될 때마다 전 교황에게 부여받은 지위는 백지로 돌아가고 대대적인 물갈이가 이루어졌다.

교황이 바뀔 때마다 로마에서는 대규모 인사이동이 시작된다. 교황은 세습제가 아니었으므로 교황청에서의 인사이동은 세속의 왕실보다도 철저했다. 게다가 대다수 교황은 고령에 교황으로 선출되었으므로 교황 교체는 빈번하게 이루어졌다. 아무튼, 새로 선출된 교황들은 자신을 향한 충성심이 의심스러운 신하들을 무자비하게 제거했다.

우르바노 8세는 친인척과 믿을 만한 신하들에게 의지하여 자신의 지위를 튼튼히 다지고자 했다. 실각하기 전에 추기경이 되기를 열망했던 참폴리는 우르바노 8세가 자신의 소원을 이루어주리라고 믿었기에 스페인의 가스파르 데 보르하(Gaspar de Borja y Velasco, 1580~1645) 추기경을 동아줄 삼아 의지하기로 했다.

30년 전쟁에서 스페인과 프랑스가 대립하는 국면에 접어들자 교황은 프랑스와 은밀하게 손을 잡았다. 이 과정에서 교황은 스페인과 날카롭게 대립각을 세우게 된다. 참폴리가 스페인의 힘을 믿고 추기경 관을 쓰고자 했던 사건은 충성심을 의심받는 이상으로 교황의 대립진영과 결탁했다고 믿을만한 근거가 충분했다. 더욱이 1632년 3월 8일 교황 추밀회의 석상에서 보르하 추기경이 30년 전쟁에 대한 교황의 정책을 통렬하게 비판했기에 미운털이 단단히 박혔고, 교황의 눈 밖에 나며 결국 권력 축출이라는 철퇴를 맞게 된다.

불운은 꼬리에 꼬리를 물고 찾아왔다. 참폴리가 교황의 문장을 첨삭한 일이 교황의 심기를 거스르고 크게 역정을 내는 원인이 되었다고 전해진다. 1632년 4월 25일에 로마 주재 토스카나 대사는 토스카나 대공 앞으로 보낸 편지에서 참폴리가 교황이 대필하게 한 라틴어 편지를 멋지게 손보려다 파면당했다고 보고한다.

참폴리는 시를 짓는 솜씨나 문필, 지적 수준 등이 매우 뛰어나다고 자부하며 오만한 태도를 보이는 인물로 소문이 자자했다. 그의 행동거지가 우르바노 8세의 정치와 시작(詩作)에 대한 자존심에 상처를 주었다고 능히 짐작할 수 있다. 자신의 신분이 불안정하다는 정도는 참폴리도 충분히 인지하고 있었기에 1624년에 지오반 바티스타 스트로치(Giovan Battista Strozzi, 1551~1636) 앞으로 보낸 편지에서 교황 궁정에서의 자신의 지위는 강력하지만 위태위태하다고 적었다.

지금으로서는 언제 어느 때 이 고급 호텔(여기서는 많은 사람이 교황 궁전을 두고 이렇게 부릅니다)에서 쫓겨나 언젠가는 로마에서 줄행랑을 칠 수밖에 없게 되어 허름한 움막에서 지내게 될지 모릅니다…… 이는 교황이 바뀔 때마다 어떠한 부류의 사람의 신변에서나 일어날 수 있는 사건입니다.

참폴리는 좌천당한 후에도 로마 복귀를 목표로 다양한 술책을 구사했지만, 그의 노력은 결실을 얻지 못했다. 우르바노 8세가 예상 이상으로 장수하리라고는 생각하지 못했기에 참폴리는 로마로 돌아오지 못했다. 게다가 참폴리는 교황 눈 밖에 난 일이 갈릴레오에게 불행을 가져다주는 한 요인이 되리라고는 예상하지 못했다. 1633년 9월 7일 교황과의 알현에서 토스카나 대사인 니콜리니가 『천문대화』는 정식으로 허가를 얻어 인쇄에 들어갔다고 반론하자 교황의 분노가 폭발했다.

그(갈릴레오)와 참폴리는 파렴치하게 나를 기만했다. 특히 참폴리는 뻔뻔하게도 갈릴레오는 교황 성하가 명하신 바를 모조리 따를 생각이며, 모든 것이 순조롭다고 말했다. 이것이 내가 아는 전부이며, 책을 본 적도 읽은 적도 없다.

교황은 로마에서 무소불위의 권력을 휘두르는 일종의 전제군주였기에 무슨 구실로든 참폴리를 파면할 수 있었다. 참폴리에 대한 교황의 불신이 재판의 향방을 좌우했다는 증거는 어디에도 없지만, 갈릴레오에 대한 교황의 분노를 증폭시키는 데는 확실히 한몫했다. 참폴리에 대한 교황의 증오는 이듬해가 되어도 좀처럼 가라앉을 줄 몰랐다.

몇 세기에 걸쳐 진행된 종교재판은 개인이든 집단의 사상이든 쥐락펴락할 정도로 애매한 순서로 심리를 진행하지 않았다. 앞으로 살펴보겠지만, 실제로 갈릴레오와 『천문대화』에 대한 조사는 관례에서 크게 벗어나 상당히 이례적으로 진행되었다.

✤ 특별위원회

교황의 진노에 묻혀 교황이 『천문대화』 내용을 음미하기 위해 설치했던 특별위원회는 중요한 비중을 차지함에도 지금까지 소홀히 다루어진 경향이 있다. 재판에 앞서 조사를 위해 위원회가 설치되는 경우는 드물지 않았다. 다만 이 위원회는 교황의 의심과 망상을 현실에서 구현했다. 위원회가 설치되어 활동을 개시하자 비로소 종교재판으로 가는 길이 활짝 열렸다.

교황이 토스카나 대사 니콜리니에게 갈릴레오의 책을 조사하는 특별위원회가 설치되었다고 정식으로 인정한 시기는 1632년

9월 4일이었다. 한데, 니콜리니는 이미 8월 15일에 본국에 보내는 편지에서 갈릴레오의 책을 조사하기 위한 위원회가 소집되었다고 보고한다. 특별위원회를 구성할 위원에 대해 교황은 니콜리니에게 "신학자 및 다양한 분야의 학자를 아우르는 위원회를 설치하라고 명령했다"고 말했다. 하지만 실제보다 부풀려진 숫자로 위원은 고작 세 명에 하나같이 신학자였다. 이 사실은 9월 11일에 리카르디에게 전해 들은 이야기로 니콜리니가 본국에 보고한 내용으로 알 수 있다.

니콜리니의 보고서에 따르면, 위원 중 한 사람은 "갈릴레오 및 일족의 우정을 위해, 주인으로 섬기는 교황 성하에게 봉사하고자 하는 욕구와 의무감으로 이 책을 인가한 까닭에 그를 옹호하지 않을 수 없었던" 인물이었다. 리카르디가 니콜리니의 아내이자 사촌 형제라는 사실을 고려할 것도 없이 이 인물은 리카르디 자신이다. 리카르디에 따르면, 두 번째 위원은 '교황 직속 신학자'로 '선의로 충만한' 인물이었기에 '오레조'라고 볼 수 있다. 그가 이 위원회에 가담한 것은 교황의 측근으로 교황의 의중을 꿰뚫고 있었기 때문이다.

마지막 위원은 리카르디의 말에 따르면, "우리의 신실한 벗으로 의심할 바 없이 바람직한 사고방식의 소유자"로 "내가 옹호했던 예수회 소속 신부"였다. 이 인물은 추측할 수밖에 없지만, 멜키오르 인코퍼(Melchior Inchofer, 1584~1648)였다고 생각된다. 그 이유는 그가 갈릴레오 재판 도중에 설치될 또 다른 위원회에 참가하는 유일한 예수회 신부였기 때문이다.

특별위원회는 이 세 명의 위원으로 구성되지만, 다섯 번의 회합 후에 두 부의 보고서밖에 제출하지 않았다. 게다가 누구의 보고라는 서명조차 없고 더군다나 언제 작성했는지 작성 날짜도 빠져 있다. 임시로 보고서 A와 B라고 부르기로 하자.

보고서 A는 "교황 성하의 분부에 따라 우리는 갈릴레오의 책에 출판 허가를 내주게 된 일련의 경위를 조사했다"라는 문장으로 서두를 연다. 갈릴레오가 1630년에 『천문대화』의 원고를 챙겨 들고 로마로 왔을 때부터 설명하기 시작해 실제로 있었던 일을 시간 순서대로 서술하고, 다음과 같이 이어간다.

갈릴레오는 지구의 운동과 태양의 부동성을 가설로 다루지 않고 절대적인 진리라고 주장함으로써 그에게 내려진 지시를 위반했다. 그는 실제로 관찰할 수 있는 조수 간만을 존재하지도 않는 태양의 부동성과 지구의 운동이라는 잘못된 결론으로 귀결시키고 있다. 이것이 주요 항목이다. 더욱이 그가 1616년에 검사성성이 그에게 내린 금지 명령을 알리지 않고 침묵한 것은 사람들을 기만하는 행위다.

그 취지는 '태양은 세상의 중심이며 지구가 움직인다는 상기 의견을 전면적으로 포기하고, 앞으로는 구두로든 문서로든, 어떠한 형태로도 그러한 생각을 품거나 가르치거나 옹호하지 않도록 하

기 위함이다. 그렇지 않으면 검사성성은 갈릴레오를 재판에 세울
것이다.' 그는 이 금지 명령에 동의하고 복종하겠다고 약속했다.
이제, 출간된 책과 마찬가지로 인물에 대해서도 기소 절차 진행을
결의해야 한다. 보고서 B는 분량이 늘어났을 뿐 아니라 보고서 A
에서 다룬 사건 기술에 이어 기소해야 할 여러 죄상을 낱낱이 고하
며, 앞의 보고서와 완전히 다른 내용을 보여준다.

이하의 내용을 기소 항목으로 간주할 수 있다.

1. 무허가로 또는 출판 허가를 내주었다고 말하는 인물과 출판에
대한 정보를 공유하지 않고 로마에서의 출판 허가를 덧붙인 점.

2. 서문을 다른 활자로 인쇄했고, 본문과 동떨어진 쓸모없는 군더
더기처럼 취급했다. 책 끝머리의 조소가 어리석은 등장인물의 입
에서 나왔다. 더군다나 발언에 문제가 있었음에도 다른 대화 상대
가 냉랭하게 승인했다는 점. 그들은 그것이 탁월함을 강조하지 않
고 암시한 데 지나지 않으며, 모든 것은 그가 마지못해 말했음을 보
여준다.

3. 책 속에는 많은 누락된 내용과 가설에서 비롯된 빗나간 내용이
있다. 지구의 운동과 태양의 부동성을 절대적 진리라고 주장하고,
보조적 논의를 명백하고 필연적인 사실로 간주하며, 부정하는 측
의 주장을 불가능한 것으로 얕잡아보고 있다.

4. 그는 이 문제를 미확인 사실로 취급하고, 해명을 전제로 하지 않고 기다렸어야 마땅하다.

5. 인간과 하느님의 지성은 기하학적 문제를 똑같은 수준에서 이해할 수 있다고 그릇된 주장을 펼치며 단언한다.

6. 프톨레마이오스주의자는 때로 코페르니쿠스주의자가 되지만, 반대의 경우는 일어나지 않는다는 사실은 진리라고 주장한다.

7. 실제로 눈으로 볼 수 있는 조수 간만을 태양의 부동성과 지구의 운동이라는 존재하지도 않는 현상으로 잘못 귀결시키고 있다.

이는 모두 이 책에 모종의 유용성이 있으며, 자비를 베풀 가치가 있다면 정정해야 한다. 저자는 1616년에 검사성성에서 금지 명령을 받았다. "태양은 세상의 중심이며, 지구가 움직인다는 상기 의견을 전면적으로 포기하고, 앞으로는 그러한 주장을 구두로든 문서로든 여타의 형태로도 품거나 가르치거나 옹호하지 않도록. 그렇지 아니하면 검사성성은 그를 재판에 회부할 것이다." 그는 이 금지 명령에 동의하고 따르겠다고 약속했다.

보고서 A와 보고서 B의 차이는 중요하다. 보고서 A는 고소 사유로 보고서 B의 최종 기소 항목만을 채택했다. 또한, 끝부분에 갈릴레오 자신도 재판받아야 한다는 취지에 대해 보고서 B는 책을 수정하는 정도로 수습할 수 있다고 결론 내린다. 이런 상황에서 어느 쪽 보고서가 특별위원회의 정식문서인지에 따라 갈릴레오의 운명은 달라지게 되어 있었다.

이 두 종류의 보고서의 관계를 검토하기 전에 1616년의 금지 명령이 발견된 경위에 대해 살펴볼 필요가 있다. 보고서 B는 금지 명령(다만, 미켈란젤로 세기치(Michelangelo Seghizzi, 1565~1625)의 발언 부분만)이 있었다는 사실만을 말하는데, 보고서 A는 같은 금지 명령을 근거로 엄격한 결론을 도출하고 있기 때문이다.

리카르디가 이 금지 명령의 존재를 알아차린 것은 마갈로티가 그에게 돌고래 세 마리가 인쇄소 상표에 불과하다고 가르쳐주었을 때로 판단된다. 우연히 '크리스티나 대공비 앞으로 보낸 편지'가 화제에 올랐고, 리카르디는 왜 그것이 책으로 출간되지 못했는지를 물었다.

마갈로티는 1616년의 금지 명령 때문이라고 대답했다. 마갈로티의 이야기로 미루어 보건대, 그때까지 리카르디는 '크리스티나 대공비 앞으로 보낸 편지'에 대해서도 금지 명령의 존재에 대해서도 까마득히 몰랐음을 알 수 있다.

마갈로티는 9월 4일 날짜의 편지에서 구이두치에게 돌고래의 존재를 정식으로 보고했다. 따라서 리카르디가 금지 명령의 존재를 깨달은 시기는 8월 중순에서 9월 초순 무렵이었을 것으로 보인다. 1616년의 사건을 기억하고 있던 관계자도 있었을 터이니, 그들이 교황청의 문서고에서 금지 명령을 찾아내려 했을 가능성은 배제할 수 없다. 어쨌든 리카르디는 이 시점에 금지 명령의 존재를 알게 된다.

제2부의 보고서의 관계는 한 쪽 보고서가 다른 쪽 보고서를 적당히 참조해 짜깁기했다는 의혹을 불식시키지 못한다. 양쪽 모두에 같은 문서가 포함되어 있지만, 보고서 B에서는 제대로 된 철자로 적힌 라파엘로 비스콘티(Raffaello Visconti) 신부의 이름이, 보고서 A에서는 비스콘테라는 잘못된 철자로 적혀 있다는 사실을 고려하면, 보고서 A는 보고서 B를 참조하고, 그 밖의 몇몇 문서를 베껴 적었다고 판단할 수 있다.

또한, 보고서 A가 "교황 성하의 명령에 따라"라는 서두로 문장을 시작한다는 점, 피렌체의 문서철이 보고서 B에서는 개인적 문장에서 주로 사용하는 'Firenze'로 표기되어 있었다는 점, 보고서 A에서는 공적 문서에서 사용하는 'Fiorenza'로 표기했다는 점으로 보아 보고서 A가 특별위원회의 최종적 정식보고서라고 생각해도 무리가 없다. 실제로 갈릴레오가 로마의 이단 심문소로 소환되는 근거도 9월 23일 목요일 검사성성 총집회에서 채택한 보고서 A였다.

리카르디가 작성했다는 근거는 어디에도 없지만, 보고서 B는 그가 모색하고 있던 타개책을 추인하는 것이었다. 한편 보고서 A는 『천문대화』 내용의 상세 검토를 피하고 출판 허가를 내준 경위를 불문에 부쳤다. 따라서 검열에 관여한 모든 관계자에게 책임을 묻지 않는다. 갈릴레오는 1616년 금지 명령을 정식으로 통

고발았더라면 출판 허가를 받지 못하고, 어떠한 문제도 발생하지 않았을 수도 있다. 보고서 B에서는 흔적이 남아 있는 교황의 진노가 보고서 A에서는 배후로 숨어 있어 행간을 통해서만 어렴풋이 드러난다.

어느 보고서에도 공통된 주요한 기소 사유는 『천문대화』가 코페르니쿠스의 지동설을 '절대적인 진리라고 주장'한다는 사실, 1616년의 금지 명령에 위반된다는 사실은 보조적 사유라는 부분에 주목해야 한다. 또 이 단계에서 갈릴레오 자신에게 중죄를 물으려는 결정이 내려지지도 않았다.

6

재판 개시

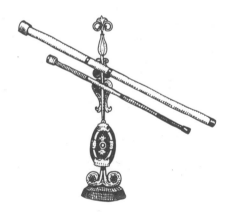

마침내, 특별위원회가 작성한 보고서를 바탕으로 소집된 1632년 9월 23일 검사성성 총집회에서 갈릴레오를 로마의 이단 심문소로 소환하라는 결의가 내려졌다. 1632년 10월 1일 갈릴레오는 피렌체의 이단 심문관이었던 에디지 앞으로 불려왔다. 그리고 그는 검사성성에서 송부했다는 '10월 중으로 로마의 검사성성 총주임 앞으로 출두하라'는 명령을 하달받았다.

　갈릴레오는 명령에 따르겠다고 약속하는 문서에 서명했지만 지병을 핑계로 로마 출두를 차일피일 미루었다. 연말에는 실제로 병석에 누워 있었으니 절반은 사실이었지만, 나머지 절반은 그럴듯한 구실에 불과했다. 최초의 출두 명령을 피렌체의 이단 심문관에게서 받았을 때 갈릴레오는 토스카나 대공을 따라 시에나로 갈 예정이었기 때문이다.

　갈릴레오 주변 사람들도 그의 로마 소환을 막으려고 동분서주했다. 토스카나 대공은 로마 주재 대사인 니콜리니를 통해 우르바노 8세와 프란시스코 바르베리니 추기경에게 갈릴레오의 좋지 않은 건강 상태와 고령이라는 점, 그리고 당시 유럽을 휩쓸고 있던 페스트 등을 이유로 들면서 로마행이 곤란하다며 양해해달라고 간곡히 호소했다. 그러나 11월 13일 알현에서 니콜리니는 교황의 확고한 의지를 확인했을 뿐이었다. 교황은 "그 사람(갈릴레오)을 심문할 필요가 있다. 이와 같은 음모에 얽인 그의 잘못을 하느님께서 용서해주셨음을 확인하기 위해서"라고 말했다. 카스텔리도 검사성성 장관인 리카르디와 총주임 이폴리토 란치(Ippolito Lanci)를 면회했다. 두 사람 모두 갈릴레오에게 동정적이었지만 소환 명령을 철회하는 데 도움을 주지는 못했다.

1633년 1월 1일, 교황의 단호한 명령을 전하는 교황의 동생 안토니오 바르베리니 추기경의 다음과 같은 편지가 에디지에게 도착했을 때 갈릴레오는 자신이 쓸 수 있는 모든 패를 다 내놓은 후였으므로 더는 로마행을 거부할 수 없게 되었다.

검사성성은 갈릴레오 갈릴레오가 그에게 내려진 로마로 오라는 명령을 조속히 이행하지 않았음을 심각한 죄로 간주한다. 또 계절을 고려하더라도 그의 불복종은 용납할 수 없다.

1월 8일에 에디지는 로마의 안토니오 바르베리니에게 갈릴레오는 "즉시 복종하겠습니다"라고 대답했다고 보고한다.

☙ 이단 심문소 소환

1월 20일, 갈릴레오는 토스카나 대공이 제공해준 마차를 타고 로마를 향해 출발했다. 토스카나 국경의 아쿠아펜덴테(Acquapendente)에서 페스트 검역을 위해 발을 멈추었다. 하지만 교황이 미리 손을 써두었기에 격리 기간은 20일로 단축되었다. 갈릴레오는 1633년 2월 13일 로마에 도착했다.

로마에서 갈릴레오가 보여준 행보는 죄인의 것이 아니었다. 그는 이제 막 사직한 검사성성 참여관인 알렉산드로 보카벨라(Alessandro Boccabella)를 방문해 진심 어린 조언을 구했다. 그런 다음 그는 보카벨라의 소개로 후임 참여관인 피에트로 파올로 페베이(Pietro Paolo Febei)와 신임 총주임 빈첸초 마쿨라노(Vincenzo Maculan)를 만날 수 있었다.

2월 26일 교황이 토스카나 대사인 니콜리니에게 "검사성성이 아닌 대사관저에 머물 수 있도록 한 허가는 예외적 조치"라고 말했듯, 갈릴레오는 대사관저에서의 체재를 허가받았다. 게다가 교황은 거듭 "요컨대 그(갈릴레오)는 이와 같은 자신의 의견을 공표하라는 잘못된 조언을 받았다. 참폴리의 조언이 틀림없다. 갈릴레오는 지구의 운동을 가설로 다루겠다고 표명하면서, 그 논의를 할 때는 단정적인 어투로 논평했다"며 참폴리에 대한 증오를 드러내곤 했다. 이 시점까지 갈릴레오는 교황의 눈 밖에 완전히 나지는 않았고, 사태도 최악으로 치닫지 않았다. 제5장에서 말했듯 참폴리는 한 해 전 11월에 로마에서 좌천당했다.

갈릴레오는 두 달이나 대기한 후인 4월 9일이 되어서야 니콜리니에게 심문 개시 통고를 받았다. 그동안 니콜리니는 사태 파악을 하느라 나름대로 분주했다. 니콜리니는 『천문대화』가 1616년 지동설을 논해서는 안 된다는 금지 명령을 위반했다는 문제를 찾아냈다.

니콜리니가 토스카나 대공국 총리인 안드레아 촐리(Andrea Cioli)에게 보낸 편지를 살펴보자. 갈릴레오는 "명령은 그와 같은 문장이 아니라 품어서도 옹호해서도 안 된다는 논조로, 책 속에서는 양쪽 주장을 모두 보여줄 뿐 결정적인 것이 아니기에 변명할 방법은 있다"라며 은근히 자신감을 내비친다. 갈릴레오도 참폴리에게 보낸 편지에서 "오랏줄이나 족쇄나 감옥으로 이어지지는 않겠지요"라며 심문 지연을 비롯해 모든 것을 낙관적으로 해석했다. 게다가 무언가 특별한 사정이 있어 재판 개시가 늦어졌다고 볼만한 이유도 없었다.

1633년 부활절은 3월 27일이었다. 부활절은 기독교 최대 행사 중 하나지만, 그에 앞서 2월 9일 재의 수요일부터 시작되는 사순절의 일련의 행사가 있었음을 고려하면 의도적인 재판 지연으로 보이지는 않는다.

갈릴레오가 토스카나 대사관저에서 대기하는 동안에도 재판을 회피하려는 노력은 계속되었다. 니콜리니의 조언에 따라 토스카나 대공은 검사성성의 모든 추기경에게 편지를 보내 갈릴레오에게 자비를 베풀어달라고 탄원했다. 니콜리니 자신도 교황과 프란체스코 바르베리니 추기경, 그리고 다른 추기경들과의 면담을 여러 차례 했다.

그러나 교황의 단호한 결심은 흔들리지 않았다. 갈릴레오는 이단 심문을 피할 도리가 없음을 깨닫게 되었을 따름이다. 3월 13일에 니콜리니가 교황에게 그(갈릴레오)의 말을 청취한다면 그는 "검사성성에 존경을 표하며, 즉시 만족할 만한 설명을 할 것입니다"라고 말했지만 교황은 고집을 꺾지 않았다.

그(갈릴레오)도 언젠가는 심문을 받게 될 것이다. 그러나 누구도 대답할 수 없는 논의가 있다. 바로 하느님은 전지전능하시며, 만물을 관장하는 분이시다. 하느님이 전능하시다고 믿는다면 왜 그런 하느님에게 억지를 부리는 것인가.

교황이 제기한 문제는 지동설이 『성서』의 기술에 어긋난다는 수준을 훨씬 넘어서 기독교 근간에 걸친 심각한 주제였다고 생각해야 한다. 현대를 사는 우리에게는 자연현상은 모두 과학 연구로 해명해야 한다는 게 당연한 논리로 받아들여진다. 그러나 교황에게 과학적 방법으로 자연의 모든 것을 이해하고 여타의 것은 배제해야 한다는 갈릴레오의 생각은 도저히 받아들일 수 없는 불온한 사상이었다. 당시 과학은 아직 위대한 성과를 거두지 못하고 있었다. 또 자연에 대해서라도 과학이 신학을 배격한다는 것은 있을 수 없는 일이기도 했다. 교황에게 문제는 과학적 설명의 타당성이 아니라 '신앙과 종교에 관한 문제'였음을 엿볼 수 있다.

✤ 빈첸초 마쿨라노

검사성성 장관 리카르디는 무대 위에서 퇴장했다. 그를 대신해 갈릴레오 재판 무대에 깜짝 등장하는 인물이 신임 검사성성 총주임 빈첸초 마쿨라노(Vincenzo Maculano)다. 이 인물이 과연 누구인지, 어디에서 어떻게 나타났는지를 알아두어야 재판을 이해하는 데 도움이 된다.

빈첸초 마쿨라노는 1578년에 파르마 공국의 피렌추올라(Firenzuola)에서 태어나 군사 기술자로 추정되는 부친의 가르침을 받았고, 그 뒤를 이었다. 성직자 이력은 열여섯 살에 파도바의 도미니코회 수도원에 들어갔을 때부터 시작된다. 성직자로서 그가 최초로 맡은 직책은 파도바 이단 심문관이었다. 직책은 이단 심문관이었지만 실제 업무는 제노바 성벽 건설이었다. 그런 터라, 그는 주로 제노바에서 살았다.

로마 교회는 종교적 권위인 동시에 이탈리아반도 중부의 교황령을 지배하는 세속적 권력이었기에 군사 기술자가 필요했다. 마쿨라노는 1629년에 검사성성 고문 발령을 받았다. 하지만 이듬해에도 실제로는 북이탈리아에서 요새 건설에 종사했다. 그가 안토니오 바르베리니 추기경과 안면을 튼 건 이 무렵이다. 1632년 말에 마쿨라노를 이폴리토 란치의 후임으로 검사성성 총주임에 취임시키도록 손을 쓴 사람이 바르베리니 추기경이었다.

마쿨라노는 갈릴레오 재판 후인 1639년에 검사성성 장관 자리에 올랐다. 그리고 1641년에 추기경으로 서임된다. 우르바노 8세가 1644년에 사망했을 때 안토니오 바르베리니는 마쿨라노를 새 교황 자리에 올릴 속셈이었다. 바르베리니의 시도는 비록 성공하지 못했지만, 이 사실로 보아 바르베리니가 그를 얼마나 높게 평가했는지를 알 수 있다. 마쿨라노의 전임이었던 란치 총주임에 대해 카스텔리니는 1633년 10월 2일 갈릴레오 앞으로 보낸 편지에서 다음과 같이 보고한다.

『천문대화』에서 주로 지구의 운동을 다루는 부분을 이야기하며 고민을 나누고 싶다고 하기에 총주임 신부와 오랜 시간 이야기를 나누었습니다. ……저는『천문대화』가 금지될 이유를 모른다(고 말했습니다). 그는 이 문제에 대해 『성서』의 권위에 따라 결판을 낼 성질의 것이 아니라고 대답했습니다.

란치는 1633년 말에 경질당했다. 그러나 란치가 갈릴레오에 대한 동정적 의견을 제시했다는 이유로 좌천당했다고 보기에는 정황 증거가 다소 빈약하다. 란치가 갈릴레오에게 동정적인 태도로 일관한 것은 명백한 사실이지만, 오로지 그 이유로 마쿨라노로 전격 교체되었다고 보기는 어렵다. 예전부터 안토니오 바르베리니는 마쿨라노를 란치의 후임으로 삼으려는 속셈을 품고 있었다. 왜냐하면, 마쿨라노가 고령의 갈릴레오에게 나름대로 최대한의 배려를 해주었기 때문이다.

물론 마쿨라노가 검사성성 총주임 자리에 오른 것은 이례적인 일이었다. 그는 도미니코회 소속 수도사였지만 일반적으로 총주임 자리는 롬바르디아 지방 출신자가 독점했기 때문이다. 아마도 안토니오 바르베리니와 그의 형인 우르바노 8세의 입김이 강하게 작용했던 것으로 보인다.

어쨌든 갈릴레오 재판이 막 시작되려는 시점에 마쿨라노가 장관으로 취임한 터라 시기적으로는 참으로 절묘했다. 하필 이 시기에, 그리고 낙하산 인사로도 보일 수 있는 이례적인 발탁을 설명해주는 문서가 있다. 제4장에서 이미 일부를 인용했지만, 재판 직후에 작성되었다고 추정되는 토스카나 대사 비서를 맡았던 부오나미치(Giovan Francesco Buonamici)의 회상이다.

검사성성 주임 피렌추올라(마쿨라노는 피렌추올라 출신이다) 신부는 설교와 신학보다 설계와 축재에 정통해 성하께 총애받고 있지만, 이 책(『천문대화』)을 승인한 검사성성 장관인 '괴물 신부'(리카르디를 지칭, 그의 체형과 명석한 두뇌를 보고 스페인 국왕이 붙인 별명이다)에 대한 증오와 수도사들에게 흔히 나타나는 피해망상이 있다. 교황은 괴물 신부와 갈릴레오의 지인이자 옹호자였던 참폴리를 파멸시키기 위해 갈릴레오에 대한 고소가 진행되었음을 피렌추올라에게 부정하려고 하지 않았다. 피렌체의 전염병, 혹한, 예순이라는 고령(실제로는 예순아홉 살이다)에도 불구하고 그를 소환해 로마 출두를 허가했다.

이 이야기를 어디까지 믿어야 좋을지 모른다는 문제가 있다. 그러나 어쨌든 마쿨라노가 교황이 의도하는 바를 충실하게 집행하는 오른팔로 검사성성 주임으로 발탁되었다고 생각해도 좋을 것 같다. 교황의 의도를 해석하면 리카르디가 무대 위에서 사라진 이유도 설명할 수 있다.

7

제1차 심문

1632년 4월 12일

마침내 위대한 과학자 갈릴레오 갈릴레이
가 검사성성에 출두하기 전 니콜리니는 그에게 충고했다. 니콜리
니는 토스카나 대공국 총리 안드레아 촐리에게 아래와 같이 보고
한다.

　재판을 조속히 마치기 위해 그에게 다음과 같이 충고했습니다.
자신의 의견을 주장하지 말고, 그들이 지구의 운동이라는 특정 문
제로 그의 믿음을 바꾸어 놓으려거나 종용하려고 애쓰면 거스르지
말고 복종하라고.

　이미 한 해 전 10월 23일에 니콜리니는 위의 보고 내용과 같은
취지의 충고를 했다. 그의 충고로 교황청 일이라면 갈릴레오보다
훨씬 경험이 풍부했던 니콜리니가 종교재판을 어떻게 이해했는지

를 알 수 있다.

　그대는 자신이 쓴 글을 옹호하고 그대의 주장이 성실함을 보여
줄 수 있노라고 말합니다. 그러나 그러한 노력은 오히려 그들을 자
극해 그대의 책을 철저하게 규탄하려는 생각을 확신으로 바꾸어줄
뿐입니다.
　……이 건에 관한 한, 그대에게 절실하게 필요한 것은 검사성성
이 인정하지 않는 주장을 옹호하는 것이 아니라 검사성성에 복종하
고 추기경들이 바라는 대로 고분고분하게 대처하는 일입니다. 만약
순종하지 않는다면 다른 많은 사람의 신변에 닥친 불행처럼, 그대
의 소송 과정에 엄청난 곤란과 어려움에 맞닥뜨리게 될 것입니다.
기독교인답게 말한다면 그들은 실수할 리 없는 최고의 재판기관이
기에 우리는 그들의 바람과 다른 것을 바라서는 안 될 것입니다.

　갈릴레오 갈릴레이는 과연 구체적으로 언제 검사성성에 출두
했을까? 관습에 따라 그는 심문이 있기 전날, 즉 4월 11일에 검사
성성에 출두했을 것으로 판단된다. 갈릴레오에게는 검사성성 안
에서 쾌적한 방을 배정받았다. 게다가 시종을 동반해도 좋다는 특
별한 허가까지 얻었다. 이 정도만 해도 충분한 특혜인데, 갈릴레오
는 편지를 쓰고 받아 보는 것도 가능했다. 관례에서는 피고는 수인
으로 대우받아 투옥되어야 마땅했지만 갈릴레오는 이례적으로 파
격적인 대우를 받았다.

✤ 심문 개시

4월 12일, 마쿨라노의 심문은 검사성성 검찰관이던 카를로 신체리(Carlo Sinceri)가 동석한 가운데 형식적으로 시작되었다. 질문은 라틴어로, 답변은 이탈리아어로 기록되었다.

문: 어떠한 수단으로, 언제 로마에 도착했나?

답: 사순절 첫 번째 일요일에 로마에 도착했습니다. 마차를 타고 왔습니다.

문: 불러서 왔는가? 누가 불러서 왔나?

답: 피렌체의 이단 심문관 신부님께 로마로 가서 검사성성에 출두하라는 명령을 받았습니다.

문: 이 명령이 자네에게 내려진 이유를 아는가? 아니면, 짚이는 부분이 있는가?

답: 짐작은 갑니다. 최근 출간한 제 책을 설명하기 위해서 검사성성 출두 명령을 받았다고 생각합니다.

"이 명령이 자네에게 내려진 이유를 아는가?"라는 질문에 갈릴레오는 잘못된 대답을 했다. 총주임 역시 "모릅니다"라는 답을 기대했으리라. 이 대답이 재판을 변칙적인 방향으로 이끌었다고 단정 지을 수는 없지만, 그 한마디로 갈릴레오는 기소 사유를 듣지 못하게 되었다.

만약 갈릴레오가 "모릅니다"라고 답했더라면 재판 결과는 달라졌을 터다. 마쿨라노는 기소 사유를 고지하고, 갈릴레오는 기소 내용에 대한 잘못을 인정하고, 재판이 그대로 종료되었을 수도 있다. 그러나 이 심문이 어떤 식으로 이어졌는지 안다면 확실해지겠지만, 설령 기소 사유를 들었더라도 애초에 갈릴레오가 자신의 죄를 인정한다는 각본이 성립할 리가 없었다. 심문은 계속 이어졌고, 이야기는 1616년 갈릴레오가 로마를 방문했을 때로 옮겨간다.

문: 로마로 온 이유는 '코페르니쿠스의 지동설 문제'에 관한 진실을 얻을 수 있기 때문이라고 말했는데, 이 용건의 진행 상황에 대해 말해봅시다.

답: 태양은 움직이지 않고, 지구가 움직인다는 의견에 관해 오고간 논쟁은 금서목록성성에서 이미 결정이 내려졌습니다. 즉, 이와 같은 의견은 절대적인 의미로 해석하면 『성서』와 모순되며, 코페르니쿠스의 생각처럼 가설로서만 용인해야 한다는 것입니다.

문: 그 결정을 당신에게도 알려주었소? 누가 알려줬소?

답: 저는 검사성성의 결정을 통고받았습니다. 벨라르미누스 추기경께서 제게 알려주셨습니다.

문: 그 결정에 대해 벨라르미누스 예하께서 무엇을 알려주셨소? 그 결정에 대해 거론한 사람이 또 있었소? 만일 그렇다면 그는 뭐라고 했소?

답: 벨라르미누스 추기경께서는 코페르니쿠스의 의견은 코페르

니쿠스가 그러했듯 가설로만 머물러야 한다고 말씀하셨습니다. 예하께서는 제가 그 의견을 가설로 받아들이고, 즉 코페르니쿠스처럼 그 생각을 품고 있었다는 사실을 알고 계셨습니다. 이 사실은 추기경께서 파올로 안토니오 포스카리니 신부에게 편지를 받고 보내신 답장으로도 알 수 있습니다. 저는 그 편지 사본을 보관하고 있습니다. 그 편지에는 다음과 같은 구절이 있습니다.

"존경하는 신부님과 갈릴레오가 절대적인 사실이 아니라 가설로 논하는 정도로 만족한다면 현명하다고 생각합니다."

추기경 예하의 편지를 확인해보니 1615년 4월 12일 날짜로 작성되어 있었습니다.

문: 1616년 2월에는 무엇이 결정되고, 당신은 그에 관해 무슨 이야기를 들었소?

답: 1612년 2월, 벨라르미누스 추기경께서는 저에게 다음과 같이 말씀하셨습니다. 코페르니쿠스의 의견을 절대적인 의견으로 받아들이면 『성서』와 모순되므로 그러한 생각을 품어서도 옹호해서도 안 된다. 그러나 가설로 받아들인다면 그러한 생각을 가지는 것도 활용하는 것도 가능하다. 저는 그 말씀과 일치하는 1616년 5월 26일 날짜로 벨라르미누스 추기경 예하가 작성해 발급하신 증명서를 가지고 있습니다. 추기경께서는 증명서에서 코페르니쿠스의

의견은 『성서』에 어긋나므로 마음에 품어서도 감히 옹호해서도 안
된다고 분명히 말씀하셨습니다. 그 증명서 사본도 가지고 있습니
다. 바로 이겁니다.

　문: 그러한 취지의 이야기를 들은 적이 또 있는가? 들었다면, 누
구에게 들었는가?

　답: 벨라르미누스 추기경께 코페르니쿠스의 의견에 관한 제 생
각을 말씀드렸을 때 그 자리에 도미니코회 신부 몇 명이 있었습니
다. 그러나 그중에 친분이 있는 사람은 없었고, 그 후로는 만난 적
도 없습니다.

　문: 출석했던 신부들 또는 다른 누군가에게 같은 문제로 무언가
명령을 받았는가? 받았다면, 무슨 명령을 받았는가?

　답: 돌이켜 생각해보니, 그 사건이 다음과 같이 진행되었습니다.
어느 날 아침, 벨라르미누스 추기경께서 부르시기에 갔습니다. 추
기경께서는 어느 특별한 이야기를 하셨고, 그에 대해서는 제일 먼
저 교황 성하의 귀에 들어가야 한다. 그러나 마지막에는 코페르니
쿠스의 의견은 『성서』에 어긋나므로 품어서도 옹호해서도 안 된다
는 말씀을 덧붙이셨습니다. 도미니코회 신부들이 그전부터 그곳에
있었는지, 나중에 왔는지는 기억이 나지 않습니다. 추기경 예하께
서 앞에서 말씀드린 의견을 품어서는 안 된다고 말씀하셨을 때 그
자리에 있었는지 어땠는지 기억나지 않습니다. 그러한 의견을 품
어서도 옹호해서도 안 된다는 명령을 제가 받았을지도 모르지만,
벌써 몇 년이나 지난 일이라 기억에 없습니다.

⚜ 예상치 못한 전개

심문은 갑자기 엉뚱한 방향으로 흘러갔다. 난데없이 1616년의 세기치의 금지 명령이 튀어나왔다. 1632년 가을 특별위원회 소관으로 금지 명령이 내려졌다고 앞에서 이야기했다. 갈릴레오는 생각도 하지 못했던 서류가 아닌 밤중에 홍두깨처럼 튀어나왔다. 갈릴레오는 당연히 기억에 없다고 대답할 수밖에 없었다.

　문: 증인 입회하에 자네에게 명령이 내려졌다고 말하는데, 앞에서 말한 의견을 어떠한 형태로도 품어서도 옹호해서도 가르쳐서도 안 된다는 내용이 포함되어 있소. '어떠한 형태로든'을 기억하고 있소? 또 누구에게 그러한 명령을 통고받았는지 말하시오.

　답: 이 명령을 벨라르미누스 추기경 예하의 육성 이외의 것으로 들었다는 기억은 없습니다. 명령이 품어서도 옹호해서도 안 된다는 내용이었다는 정도는 기억합니다. 그리고 '가르쳐서는 안 된다'라는 문구도 있었을지 모릅니다. 다만 '어떠한 형태로든'이라는 문구는 기억에 없습니다. 물론 있었을 수도 있습니다. 그 이상의 것을 생각하지 않고 기억하려고도 하지 않았던 건 몇 개월 후에 벨라르미누스 추기경 예하께서 1616년 5월 26일 날짜로 작성한 증명서를 내주셨기 때문입니다. 그 증명서에는 그러한 의견을 품어서도 옹호해서도 안 된다는 저에 대한 명령이 담겨 있었습니다. 지금 들은 두 문구, 즉 '가르쳐서도'와 '어떠한 형태로든'이라는 문구는 기억

에 없지만, 그건 제가 받은 증명서에 들어 있지 않기 때문입니다.

문제의 핵심은 가설로서는 품을 수 있다고 해석할 수 있는 벨라르미누스의 증명서와 '어떠한 형태로든 품어서는 안 된다'고 명시한 세기치의 금지 명령 중 어느 쪽을 채택할지에 달려 있다. 이후 이어진 실제 재판 경위를 생각하면, 갈릴레오는 벨라르미누스 추기경에게 받은 증명서의 효력을 과대평가했던 것으로 보인다.

이후 심문은 『천문대화』의 출판 허가를 받을 때인 1616년에 내려진 명령을 리카르디에게 전해 들었는지로 옮겨 갔다. 이 심문은 다음과 같은 갈릴레오의 답변으로 끝난다.

답: 제가 그 책의 인쇄 허가를 검사성성 장관 신부님께 요청했을 때 말씀하신 명령에 대해서는 아무 말씀도 드리지 않았습니다. 명령에 대해 신부님께 이야기할 필요가 없다고 생각한 까닭은 거리낄 것이 아무것도 없었기 때문입니다. 책에서 지구의 운동과 태양의 정지라는 의견을 품지도 옹호하지도 않았기 때문입니다. 실제로 그 책에서 저는 코페르니쿠스의 의견과는 반대되는 주장, 코페르니쿠스의 주장은 무효하며 결정적이지 않다는 근거를 보여주었습니다.

갈릴레오는 긴장한 나머지 니콜리니의 충고를 까맣게 잊었을 수도 있다. 아니면, 애초에 따를 생각이 없었는지도 모른다. 그의 속마음을 정확히 알 길이 없지만, 어쨌든 그의 답변은 니콜리니의 기대와는 달랐다. 갈릴레오는 지동설을 품지도 옹호하지도 않았다고 주장했다. 마지막에는 지동설이 무효라고까지 진술한다. 그러나 그때 벨라르미누스에게 받은 온건한 금지 명령의 범위마저 넘어섰다는 사실을 자발적으로 인정했더라면 재판 결과는 달라졌을지도 모른다. 이단자로 처벌받지도 않고 교황이 우르바노 8세가 되기 전에 이야기했듯 '경솔'한 명령 위반으로 처리되었을 가능성도 존재한다.

제1차 심문 결과는 마쿨라노에게 예기하지 못한 것이었으며, 또한 의도하지 않은 것이었으리라. 피고는 죄를 고백하고, 총주임은 그 결과를 검사성성의 추기경 집회에서 보고하면 임무를 완수했을 터다. 일반적인 종교재판에서 탈선이 있었다고 한다면 갈릴레오의 언동이 탈선을 부추긴 셈이다. 피고는 무죄를 주장하고 검사성성이 그 존재를 몰랐던 벨라르미누스의 증명서까지 끄집어내며 사태는 예상치 못한 방향으로 흘러가기 시작했다.

✣ 이단 증거를 찾아 - 고문위원회

갈릴레오가 이단죄를 인정하지 않았기에 어떤 의미에서 재판은 원점으로 되돌아갔다. 검사성성은 세 명의 고문으로 이루어진 새로운 위원회를 발족시켰다. 한 해 전 가을에 설치한 특별위원회는 말하자면 교황의 사적 자문기관이라는 위치였다. 새롭게 꾸려진 위원회는 『천문대화』에 인쇄 허가를 내준 경위를 조사해 재검열하는 역할을 맡게 되었다. 실질적으로 갈릴레오를 고발한 사람은 교황이라고 생각할 수 있지만, 이 위원회의 보고로 갈릴레오가 기소당했기에 형식적으로는 새 위원회가 고발인이었다. 이번 고문위원회는 검사성성에서는 공적 기구로, 『천문대화』 내용을 꼼꼼하게 재조사하고 이단 증거를 찾아내라는 임무를 부여받았다.

이번 위원회는 답신에 서명을 남겨두어 누가 참여했는지 확실히 알 수 있다. 이전 위원회에 이어 멜키오르 인코퍼와 아고스티노 오레조, 그리고 반종교개혁의 기수였던 테아티노(Teatino) 수도회에 소속된 자카리아 파스쿠알리고(Zaccaria Pasqualigo)로 교체되었다. 이 무렵부터 부주의하게 『천문대화』 출판을 허가해준 리카르디에 대한 교황의 믿음이 사라졌음을 알 수 있다.

우선 파스쿠알리고의 답신부터 살펴보기로 하자. 기묘하게도 파스쿠알리고는 같은 취지의 분량이 다른 두 부의 답신을 제출했다. 하나는 짤막하고, 다른 하나는 상당히 장문이다. 짧은 쪽은 검사성성 집회에서 낭독하기 위해 장문에서 결론 부분만 발췌했다고 볼 수 있다. 단문의 답신에는 다음과 같은 내용이 들어 있었다.

갈릴레오 갈릴레이는 코페르니쿠스 체계를 다룬 『천문대화』를 출간해, 검사성성이 그에게 내준 지구의 운동과 세상의 중심인 태양의 부동성에 대한 의견을, 구두로든 문서로든 어떠한 형태로든 갈릴레오는 지동설을 품지도 옹호하지도 않았다고 주장했다.
마지막에는 지동설이 무효라고까지 진술한다.

품어서도 옹호해서도 안 된다고 금지한 명령을 위반했는지 위반하지 않았는지, 나 자카리아 파스쿠알리고에게 자문했다. 그의 책을 면밀히 조사한 결과, 그는 '가르쳐서도 옹호해서도'라는 문구를 위반했다는 것이 자신의 의견이다. 실제로 그는 지구의 운동과 태양의 부동성을 지지하려고 열심히 노력했다. 그가 금지된 의견을 품었다는 강한 의혹이 있다.

이는 예상된 답신 내용으로, 그리 놀랍지 않을 수도 있다. 흥미롭게도 태양의 부동성과 지구의 운동 순서가 세기치의 금지 명령과 반대로 되어 있다. 지구의 운동성이 기독교 신자에게 중대한 문제임을 알게 되었다거나 갈릴레오의 조수 간만 이론이 지구의 자전과 공전만을 설명했다는 게 이유였을 수 있다. 인코퍼의 답신도 두 가지 남아 있다. 역시 단문과 장문이다. 단문 답신은 다음과 같은 서두로 시작해 그러한 결론을 도출한 이유로 이어진다.

제 의견으로는 태양은 움직이지 않고 정지해 있거나 우주의 중심이며, 그 주위를 행성과 지구가 각자의 운동에 따라 돈다는 주장을 갈릴레오가 가르치고 옹호할 뿐 아니라 이 의견에 집착한다고 강하게 의심하는 바입니다.

인코퍼가 작성한 답신의 특징은 장문의 답신에서 '왜 갈릴레오가 지구의 운동이라는 의견을 가르치고 옹호하고 품었는가?'라는 이유를 '가르치고', '옹호하고', '품고 있다'로 각각 나누어 태양의 정지를 다룬 부분보다 다섯 배나 긴 분량으로 상세하게 기술한다. 또 '갈릴레오의 주된 목적은 누구보다 먼저 코페르니쿠스에게 반대하는 책을 집필한 크리스토퍼 샤이너 신부를 공격하는 것이었다'라고 동료인 예수회 신부의 이름을 거론하며 자신이 생각할 수 있는 이유를 피력하고 있다.

'가르치고', '옹호하고'를 지적하는 것은 훨씬 수월했다. 갈릴레오는 책 속에서 코페르니쿠스의 지동설이 어떠한 주장인지를 낱낱이 설명했다. 또 지동설에 대한 부정적인 의견을 등장인물인 살비아티의 입을 빌려 조목조목 논하고 반박했기 때문이다. 그러나 품고 있다는 부분에 대해서는 마음속, 즉 내면에 속한 문제라서 증명하기 곤란했다. 그는 『천문대화』에서 스물일곱 개의 문장을 인용해 증명하려고 했지만 '이 의견에 집착한다고 강하게 의심하는 바입니다'라는 결론밖에 끌어내지 못했다.

✢ 세 번째 답신

다른 두 사람과 비교해 오레조의 답신은 매우 간결하다. 게다가 한 종류밖에 없다.

『갈릴레오 갈릴레이의 프톨레마이오스와 코페르니쿠스의 2대

세계 체제에 관한 대화』라는 제목의 저작은 책 전문부터 특히 문장의 주석으로 추측할 수 있듯 지구는 움직이고 태양은 정지해 있다고 가르치는 의견을 품고 있으며 옹호하고 있다.

지금까지 예수회의 암약을 뒷받침하는 명백한 증거로 인코퍼의 신랄한 답신 내용이 주목받았다. 그러나 실제로는 오레조의 답신이 갈릴레오에게 훨씬 더 치명적이었다. 오레조의 편지는 갈릴레오에게 결정타를 날렸다. 왜냐하면 간결한 편지 한 장에 갈릴레오를 유죄로 확정하려는 측에는 두 팔 벌려 환영할 만한 내용이 분명하게 담겨 있었기 때문이다. 오레조는 명확하게 '품고 있다'고 결론을 내렸다.

또 다른 두 사람이 왜 그러한 생각을 품었는지를 설명하며 들었던 이유에 대한 문장도 없기에 비판의 여지조차 없다. 이들 답신을 보면 세기치의 금지 명령만 문제로 삼았다는 인상을 주지만, 그 금지 명령에는 물론 벨라르미누스에게 받은 증명서 내용도 위반했다는 규탄이 포함되어 있다.

그리고 4월 21일 집회에 『천문대화』는 지동설을 가설로 취급한다고 해석할 수 없고, 오히려 지동설을 가르치고 옹호하고 품고 있으며, 절대적인 주장으로 기술했다고밖에 생각할 수 없다는 고문들의 결론이 전해졌다. 마쿨라노가 집회 이튿날인 22일에 프란체스코 바르베리니에게 보냈던 『갈릴레오 갈릴레이 재판 바티칸 자료집(1611~1741)』에서 겨우 읽을 수 있게 된 편지로 알 수 있다.

이미 어제, 우리는 그 책에 대한 집회를 열고 그중에서 교회에서 비난과 단죄의 대상이 되어 마땅한 의견을 옹호하고 가르쳤기에 저자는 그 의견을 품고 있다는 혐의가 충분하다는 결론에 도달했습니다.

다만 마쿨라노는 재판은 "금방 끝날 수 있다"고 적었다. 이때까지만 해도 아직 최악의 사태로 치닫지는 않았다.

✤ 억울한 누명이었는가

지금까지 갈릴레오 재판을 다룬 연구에서는 제1차 심문에서 무죄 판결이 내려졌다. 그런 터라, 갈릴레오는 억울한 누명을 뒤집어썼다는 주장이 이따금 제기되곤 했다. 그러나 이러한 주장은 세 가지 이유에서 잘못되었다.

누명설은 세기치의 금지 명령을 기록한 1616년 2월 26일 서명이 없는 문서는 위조이며, 서명이 있는 벨라르미누스의 5월 26일 증명서에서는 지동설을 가설로 논하는 것은 죄가 아니라고 말했음을 근거로 들고 있다. 1616년의 벨라르미누스가 발급한 증명서는 그와 같이 해석할 여지가 충분하다.

재판에서 채택하는 증거라는 점에서는 약하지만, 벨라르미누스가 포스카리니에게 보낸 편지에는 분명히 "절대적이 아니라 가설적인 논의에 만족하는 것이 신중한 행동이라고 생각합니다"라고 적혀 있다.

제1차 심문에서는 세기치의 금지 명령이 중요한 의미를 지닌다. 마쿨라노는 이 금지 명령을 증거로 삼아 갈릴레오에게 죄를 인정하라고 압박했다. 만약 이 명령이 위조되었고 이 심문에서 형이 확정되었더라면, 갈릴레오는 억울한 누명을 뒤집어쓴 셈이다. 그러나 이미 제4장에서 금지 명령을 담은 문서가 위조가 아님을 살펴보았고, 심문은 이후로도 계속되었다.

둘째로 벨라르미누스의 증명서를 무죄의 증거로 삼으려면 갈릴레오가 지동설을 가설로 다루었어야 했다. 교황은 세기치의 금지 명령 전에 작성된 벨라르미누스의 경고를 담은 문서밖에 알지 못했다. 그런데도 니콜리니에게 "벨라르미누스의 명령마저 위반했다"고 이야기했다. 2월 26일의 일이었다.

고문위원회의 답신으로 교황이 생각하는 유죄 사유는 분명한 사실이 되었다. 이 답신은 『천문대화』에서는 지동설을 '옹호하고 가르쳤다', '품고 있다고 의심할 수 있다'라고 단정했다. 갈릴레오는 벨라르미누스의 증명서에서 언급한 온건한 명령조차 지키지 않았기 때문이다.

셋째로 제2장에서 지적했듯, 종교재판은 유죄냐 무죄냐를 판정하는 자리가 아니라 이단 혐의가 있다고 여겨지는 사람이 품은 사상과 의도를 검증하는 목적으로 열렸다. 이단 혐의로 기소당한 사람은 종교재판에서 무죄를 받을 수 없었다. 또 설령 고발이 허위일

지라도 재판이 개시되면 수습할 방법이 없었다. 허위 고발한 사람은 무고죄로 처벌받았을 뿐 아니라 허위 고발을 수리한 이단 심문관에게도 책임을 물었다. 갈릴레오의 경우, 고발인도 이단 심문관도 모두 최고위 성직자였다. 이단 혐의로 법정에 선 피고는 죄를 고백하고, 교회는 그의 타락한 영혼을 구제하는 게 종교재판의 전부였다.

8

제2차 심문

1632년 4월 30일

마쿨라노는 갈릴레오가 자발적으로 고해하도록 유도하고 재판을 매듭지었다. 동시에 교회의 명예를 유지해야 한다는 과업은 그의 어깨 위에 지워진 짐이었다. 이제 고문위원회의 답신으로 갈릴레오의 죄는 의심의 여지가 없는 확실한 실체를 가지게 되었다. 그러나 갈릴레오에게 유죄 판결을 내릴만한 충분한 근거를 찾아내지는 못했다. 종교재판에서는 피고의 고해, 즉 피고에게 죄를 인정하게 하는 절차가 필수였다.

✤ 마쿨라노의 설득

제1차 심문에서 갈릴레오가 죄를 인정하지 않았기에 재판은 암초에 걸렸다. 이 사태를 타개하기 위한 비상수단이 절실한 상황이었다. 마쿨라노는 법정 밖에서 갈릴레오와 만나 스스로 죄를 인정하라고 설득하는 방법을 선택했다. 4월 28일에 마쿨라노가 교황을 모시고 카스텔 간돌포(Castel Grandolfo = 간돌포 성)에 머물던 프란체스코 바르베리니에게 보낸 편지를 보면 마쿨라노가 무슨 생각을 했는지 알 수 있다.

어제 교황 성하의 명령에 따라 갈릴레오 사건과 관련된 여러 검사성성 예하 분들에게 상황을 간단하게 다시 보고했습니다. 예하 여러분은 지금까지 하신 일을 인정하시고, 이 기소를 속행해 진척시키는 과정에서 불거질 수 있는 다양한 어려움을 생각하셨습니다. 특히 갈릴레오는 심문 도중에 그가 저술한 책에 분명히 적혀 있는 내용을 부인했기에 재판을 지금보다 더 엄격하게 진행하고, 이건에 대한 미묘한 점을 고려할 필요가 없지 않을까 싶습니다.

마지막으로 저는 갈릴레오 자신이 잘못을 깨닫고 인정해 고백할 때까지 취할 수단으로 법정 밖에서 그와 교섭할 권한을 주십사 하고 검사성성에 제안했습니다. 처음에 제가 드린 제안이 너무 대담하지 않을까 싶어 논리로 설득하는 방법을 취하는 한 재판 목적을 달성할 전망이 있다고 생각했을 따름이었습니다. 그러나 제가 이러한 생각을 제안한 근거를 말씀드렸더니, 제게 권한을 내주셨습니다.

그가 말한 '이러한 생각을 제안한 근거'가 무엇인지에 대해서는

아무 언급도 없다.

제7장에서 인용했던 4월 22일 마쿨라노가 프란체스코 바르베리니에게 보낸 편지는 "예하의 지시를 기다리겠습니다"라고 끝을 맺고 있기에 '이러한 생각을 제안한 근거'는 교황과 바르베리니의 지시를 의미하지 않을까 추정된다.

마쿨라노는 4월 28일 편지 후반부에서 전날 무슨 일이 벌어졌는지를 전한다.

어제 오찬 후에 갈릴레오와 이야기를 나누었습니다. 몇 차례 실랑이를 벌인 끝에, 주님의 은혜 덕분에 목적을 달성했습니다. 갈릴레오는 자신이 잘못했고, 그 책이 선을 넘었다고 분명하게 인정했습니다. 그는 이 사실을 법정에서 고백하는 데 동의했지만, 성실하게 고백하기 위해 약간의 말미를 달라고 부탁했습니다. 저는 그 내용에 관해 지시한 대로 그가 따르리라 기대하고 있습니다.

갈릴레오는 4월 27일 오후, 죄를 고백하는 데 동의했다. 마쿨라노가 어떻게 갈릴레오를 설득하는 데 성공했는지 자세한 경위에 관해서는 아무것도 적지 않았다. 다만 설득 재료로 4월 21일 고문위원회의 답신을 사용했다고 추정할 수 있다.

저는 이 답신들을 나머지 분들께 전하지 않고, 우선 당신에게 전하는 것을 의무로 느끼고 있습니다. 이렇게 해야 기소가 한결 수월하게 진척되고 당신과 성하께서 만족하시겠지요. 법정은 명성을 유지하고, 피고인에게 은혜를 베풀 수 있습니다. 어떤 처분을 내리든, 그는 자신에게 베푼 자비를 깨달을 것이고, 다른 모든 것도 모두 바라던 대로 만족할 수 있는 결과가 될 것입니다. 오늘은 고백을 얻기 위해 갈릴레오를 취조하려고 생각하고 있습니다. 제가 기대하는 결과를 얻는다면 제게 남겨진 임무는 그 의도에 관해 심문하고, 그에게 항변 기회를 주는 것뿐입니다. 그리고 모든 일이 마무리되면 예하가 저에게 시사하셨듯 그는 그 집을 감옥 대신 삼을 수 있겠지요.

마쿨라노는 사태를 상당히 낙관적으로 바라보았다. 의도에 관한 심문과 항변 기회를 주는 것만 남았다는 말로 보아 당시 그가 심문을 실질적으로 종료했다고 생각했음을 알 수 있다. 흥미롭게도 마쿨라노가 재판 양상을 바라본 관점은 종교재판 관례와 완전히 일치한다.

✤ 심문 재개

갈릴레오가 죄를 인정하는 데 동의하자 두 번째 심문이 시작되었다. 마쿨라노가 예정한 4월 28일보다 이틀 늦어진 30일에 심문

공술 이외에도 갈릴레오는 코페르니쿠스의 지동설이
진실이라고 생각하지 않는다고 일관되게 주장했다.

이 재개되었다.

문 : 하고 싶은 말이 있으면 하시오.

답 : 오늘 16일(12일을 착각)에 받은 심문에 대해 며칠간 곰곰이 생각해보았습니다. 특히 16년 전 검사성성에 의해 단죄받은 지구의 운동과 태양의 정지에 관한 의견을 품어서도, 옹호해서도, 그리고 어떠한 방법으로도 가르쳐서는 안 된다는 금지 명령을 제가 받았는지에 대해 곰곰이 생각해보았습니다. 그러던 중 제가 출간한 『천문대화』를 다시 읽어보아야겠다는 생각이 들었습니다. ……몇 년 동안 전혀 읽지 않았기에 마치 새로 쓴, 다른 사람 책처럼 느껴졌습니다

솔직하게 고백하자면, 많은 부분에서 제 속내를 모르는 독자가 잘못된 측을 위해 이용된 게 아닌가 의심했습니다. 제가 피하고 싶어 한 그 황당한 논의가 간단히 부정되기는커녕 오히려 설득력을 갖추기 위해 강제되었다고 생각하기 쉽도록 유도하는 방향으로 집필되었다고 생각했습니다. 특히 태양 흑점과 조수 간만에 대한 두 논의는 결정적 사실이 아니므로 논박할 수 있다고 생각했습니다. 그러나 단호하고 효과적인 어투로 작성되어 독자의 귀에는 그럴듯하게 들릴 수 있습니다. 실제로 저는 그 논의들은 결정적인 사실이 아니라 논박할 수 있는 주장이라고 생각했고, 지금도 그렇게 생각합니다. ……고백하건대, 제 잘못은 헛된 야심과 무지와 부주의에

서 비롯되었습니다. ……

    지동설을 인정하지 않는 완고한 종교인과 싸웠던 영웅적 과학자, 우리가 아는 갈릴레오 갈릴레이라는 이미지를 무너뜨리는 공방이 심문에서 펼쳐졌다. 갈릴레오는 제1차 심문에서 지동설이 "결정적인 사실이 아니다"라는 증거를 보여주려고 했다고 말했다. 그리고 이번에는 "피하려고 했다"고까지 말했다.

    이 공술 발언 탓에 갈릴레오의 위대함이 손상되었다고 생각하는 사람도 많다. 그러나 당시는 관계자 이외에는 이날 갈릴레오의 공술을 읽을 수 없었다. 갈릴레오도 그 사실을 잘 알고 있었을 터다. 오늘날이 되어서야 겨우 누구나 읽을 수 있게 재판 자료가 공개되었다는 사실을 무시해서는 안 된다.

    공술 이외에도 갈릴레오는 코페르니쿠스의 지동설이 진실이라고 생각하지 않는다고 일관되게 주장했다. 만약 자신이 지동설을 믿는다고 오해할 수 있는 방식으로 책을 저술했다면 '헛된 야심'에서 비롯된 것이라고 그는 말했다. 요컨대, 자신은 붓을 잘못 놀린 죄밖에 없다는 주장이다.

    갈릴레오의 본심에서 우러난 말이 아니라고 하더라도 그 말을 순순히 믿고 싶지는 않다. 갈릴레오는 코페르니쿠스의 지동설을 믿었다. 1625년 10월 20일에 파리의 엘리야 디오다티(Élie Diodati)에게 보낸 편지에서 그가 지동설을 확신했음을 분명하게 읽어 낼 수 있다.

그는 편지에서 "다시 『조수 간만에 대한 대화』에 매달리고 있습니다. 3년 동안 곁에 두었지만, 주님의 은혜로 올바른 방향을 찾아내, 이번 겨울 중에 마무리할 수 있을 것 같습니다. 저는 이 현상이 코페르니쿠스 체계를 뒷받침할 최강의 근거라고 믿습니다"라고 썼습니다.

⚜ 지동설에 대한 논박을 추가하다

이 선서 공술서는 관례대로 "나 갈릴레오 갈릴레이는 이상과 같이 공술했다"라는 자필 서명으로 끝난다. 그러나 아직 심문은 끝나지 않았다. 놀랍게도, 갈릴레오는 돌아가서 공술을 추가했다. 선서 공술서는 다음과 같이 이어진다. 얼마 지나지 않아 그가 돌아와 다음과 같이 말했다.

단죄 대상이 되었던 지구의 운동과 태양의 정지라는 의견을 진실로 간주한 적도 없거니와 그러한 생각을 품지 않았음을 더욱 분명히 하기 위해 내 바람대로 만약 자격과 시간을 주신다면 명확히 증명할 수 있습니다. 저는 준비가 되어 있고, 마침 상황도 갖추어져 있습니다. 이미 출간된 책 속에서 대화자들은 날을 잡아 다시 모여 먼저 있었던 모임에서 거론된 화제와는 다른 자연현상에 관해 논하는 데 동의했기 때문입니다. 따라서 기회를 주신다면 저는 하루

혹은 이틀을 추가해 잘못되었으며 단죄받아 마땅한 의견을 지지하기 위해 나온 논의를 재개해 성스러운 주님께서 저에게 내려주신 가장 효과적인 방식으로 그 논의들을 논파할 것을 약속합니다.

갈릴레오는 『천문대화』가 금서 목록에 올라가는 상황을 방지하는 유일한 방법으로, 나흘 동안의 대화에 닷새째와 엿새째를 추가해(이미 출간된 나흘간의 대화를 수정한다고는 말하지 않았다) 검사성성의 뜻에 따라 논의를 전개하겠다는 심산이었다. 그러나 갈릴레오의 제안은 채택되지 않았다. 만약 제안이 받아들여져 그가 닷새째와 엿새째를 추가했더라면 『천문대화』가 금서로 지정되는 상황은 피할 수 있었을 것이다. 그러나 갈릴레오는 위대한 과학자라는 명성을 획득하지도 고난으로 점철된 그의 인생이 후세로 전해져 이야기되는 일도 없었을지 모른다.

심문이 끝나자 아직 선고가 확정되지 않았음에도 갈릴레오는 토스카나 대사 관저로 돌아가도 좋다고 허락받았다. 마쿨라노가 4월 28일 편지에서 말했던 "그 집을 감옥 대신으로 삼는다"는 말은 아마 관저 연금을 가리켰던 모양이다. 갈릴레오에게 내려진 조치는 매우 이례적이었지만 프란체스코 바르베리니와 마쿨라노의 호의에서 비롯된 결과였다. "예하가 저에게 시사하셨듯"이라는 문구에서 볼 수 있듯, 사전에 물밑 교섭을 마치고 이미 합의가 끝난 조치였다. 물론, 사전에 교황의 승낙을 받았다고 생각할 수 있다.

9

제3차 심문

1632년 5월 10일

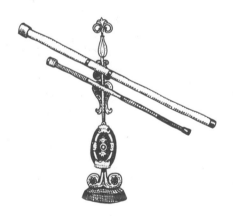

5월 10일, 갈릴레오는 검사성성으로 재출두했다. 마쿨라노는 만약 원한다면 항변을 위해 여드레 동안의 유예를 주겠다고 제안했다. 그러자 갈릴레오는 다음과 같이 대답했다.

신부님께서 하셨다는 말씀을 전해 들었습니다. 올바른 항변을 위해, 즉 이미 말씀드린 대로 의도치 않게 약간 선을 넘어선 부분이 있었다는 변명과 달리 제 의도가 성실할 뿐만 아니라 순수하다는 것을 보여 드리기 위해 이미 사본을 제출한 바르베리니 추기경 예하의 자필 증명서를 첨부해 이 문서(항변서)를 제출합니다. 제 신변을 존경하옵는 당 법정에 온전히 내맡기며 그저 관대한 처분을 바랄 따름입니다.

갈릴레오는 항변서에 서명한 뒤 토스카나 대사 관저로 돌아왔다. 그는 관례에 따른 절차를 알았기에 항변서를 미리 작성해두었다. 이번 심문은 먼저 있었던 제2차 심문보다 훨씬 짧은 시간에 끝나리라고 그는 예상했다. 니콜리니가 5월 15일에 대공국 총리 안드레아 촐리에게 보낸 편지에 따르면, 갈릴레오는 "반쯤 죽은 사람처럼" 완전히 기가 죽어 반송장 상태로 대사관저로 돌아갔다고 한다.

제2차 심문에서의 『천문대화』에 대화를 추가해 지동설을 논박한다는 제안이 받아들여지지 않았음을 알고 갈릴레오는 낙담했을 수 있다. 또 그 심문 후에 대사관저로 돌아가도 좋다는 허가를 받아 그의 마음속에 싹튼, 사태가 호전될 수도 있다는 기대를 뒷받침하는 태도일 수도 있다.

이때 항변서와 함께 제출한 벨라르미누스 추기경이 직접 작성한 증명서는 고문위원회의 답신으로 갈릴레오를 도와주기는커녕 추기경의 경고조차 위반했다는 결론을 끌어내 순식간에 유죄 증거로 돌변해버렸다. 세기치의 금지 명령에 서명이 없다거나 위조 여부는 이제 문제가 아니었다. 갈릴레오는 자신의 "의도가 성실하며 순수하다"고 호소했다. 즉 벨라르미누스 추기경의 경고에 성실하게 따랐음을 보여주기 위해 증명서를 제출했다. 그러한 전술이 통용될 가망이 거의 없었다는 사실은 이후에 일어난 일로 분명하게 밝혀진다.

✤ 항변서

갈릴레오의 자기변호를 위한 항변서는 1616년에 개인적으로 받은 금지 명령을 검사성성 장관인 리카르디에게 전했는지, 제1차 심문에서 물었을 때 전하지 않았다고 답했지만 전하지 않은 이유는 묻지 않았기에 다시 덧붙일 기회를 놓쳤다는 문장부터 시작한다. 그리고 세기치에게 금지 명령을 받은 기억은 없다고 거듭 강조한다.

(벨라르미누스의 증명서에는) 저는 지구는 움직이고 태양은 정지해 있다고 주장하는 코페르니쿠스로 귀결되는 가르침을 품는 것도 옹호하는 것도 할 수 없다는 사실을 명백히 고지받았습니다. 이런저런 사람과 관련된 일반적인 포고를 제외하면 말입니다. 특별한 언질은 아무것도 없었고, 그러한 흔적도 없었습니다.

저는 저에게 그 사실을 통고한 자신의 진품 자필 증명서를 기억해두었습니다. 이후는 말씀드린 대로 옹호해서도 품어서도 안 된다는 경고를 구두로 저에게 전하셨을 때 사용하신 문구 "어떠한 방식으로도 가르쳐서도"라는 말을 가슴에 새겨둔 것 이외에는 딱히 신경 쓰지도 않았고 기억에도 없습니다. 이는 저에게 주어진 기록된 명령에도 있지만, 저에게는 금시초문이고 들은 바 없습니다.

……저는 제가 받은 명령을 고의로 위반했다는 생각을 가장 뛰어나며 양식 있으신 사법관의 마음에서 완전히 씻어내고 싶다는

말씀만 드리고 싶습니다. 제 책 곳곳에서 볼 수 있는 누락은 허위나 고의에서 기인한 것이 아니라 헛된 야심과 일반적인 대중작가보다 똑똑해 보이고 싶다는 자만심에서 비롯되었습니다. ……

갈릴레오는 이 항변서를 자신의 바람은 "어떻게든 제 평판을 떨어뜨리려는 사악한 마음을 가진 사람들의 허언"에 대해 명예와 평판을 지키고 싶다는 말로 맺음말로 끝냈다. 일반적인 종교재판이라면 피고의 항변을 기점으로 심문은 끝난다. 이후로는 판결과 이단 단절 맹세가 남아 있을 뿐이다. 교황도 그렇게 생각했던 모양이다. 교황이 카스텔 간돌포에서 돌아온 5월 21일에 "다음 주(26일 목요일 총집회)까지 마무리 지으라"라고 니콜리니에게 이야기했다는 부분에서 교황의 의중을 어느 정도 짐작할 수 있다. 프란체스코 바르베리니 추기경도 같은 생각이었다. 그러나 이 재판은 평범한 종교재판과는 다른 방향으로 흘러갔다.

6월 16일 목요일 검사성성 총집회에서 사태는 급변했다. 이 집회에서 다음과 같은 결정이 참석자 만장일치로 채택되었다.

(피렌체의 갈릴레오 갈릴레이) 사안이 안건으로 올라와 기소 절차를 낭독하고 판정이 내려지면 교황 성하께서는 다음과 같이 명령하셨다. 갈릴레오와 그의 의도에 관해 고문 위협을 가해서라도 심문해야 한다. 만약 그가 자신에게 걸린 혐의를 인정했더라면 중대한 이단 혐의로 검사성성 총집회에서 이단 단절 맹세를 하고, 지구

의 운동과 태양의 정지에 대해서도 그 반대 주장에 대해서도 어떠한 방식으로도 글로 써서도 말로 해서도 안 되며 앞으로는 절대 다루지 말 것을 명하고, 이단 행위를 되풀이하면 고통을 동반한다는 (즉, 사형) 조건으로, 검사성성의 결정에 따라 투옥형을 선고해야 한다. 그가 집필한 『린체이 아카데미 회원, 갈릴레오 갈릴레이의 대화』라는 제목의 서적(『천문대화』)은 금지되어야 한다.

만장일치로 갈릴레오의 투옥형과 『천문대화』 금지가 결정되었다. 갈릴레오가 어떠한 해명을 하든 상관없이 결정은 거의 확정되었다.

✤ 무슨 일이 있었나

이 16일 총집회에는 악의로 가득한 적요 보고서를 참여관인 페베이가 제출했다. 이 보고는 제1장에서 살펴본 1810년대 프랑스어로 번역된 1615년부터 1633년 5월까지의 재판 기록 요약이다. 여기에는 1615년 로리니의 고발로 제기되었지만 부정확할 뿐 아니라 세기치의 금지 명령이 벨라르미누스의 입에서 나왔다고 기술되어 있다.

그러나 이 참여관의 명령에 기초해 교황의 명령이 내려졌다고는 생각할 수 없다. 교황도 프란체스코 바르베리니 추기경도 5월

26일 목요일의 검사성성 총집회에서의 결정을 예상했고, 6월 16일에 제출된 적요 보고서는 재판 지연 사태를 설명해주지 못한다. 또 16일 총집회에 바르베리니 추기경이 결석했지만, 총주임인 마쿨라노는 출석했다. 그가 이론을 제기했다는 기록은 없고, 만장일치로 결정이 내려졌다.

5월 하순부터 한 달도 채 못 되는 기간에 무슨 일이 있었는지 지금으로서는 알 길이 없다. 안타깝게도, 우리에게는 5월 26일을 포함해 6월 16일까지 최대 세 번 열렸어야 했던 총집회에서 어떤 이야기가 오고 갔는지를 알 수 있는 자료가 빠져 있다.

그저 가벼운 처분으로 끝내자는 의견과 엄중한 처벌이 필요하다는 의견이 대립했다는 정도만 추측할 수 있을 따름이다. 가벼운 처분이라고 해도 무죄 방면은 아니었다. 아마도 투옥하지 않는 정도의 처분을 주장했으리라. 한편 무거운 처분을 요구하는 측은 페베이의 보고서를 근거로 들어 교황에게 엄벌을 가하라고 압박했을 수도 있다. 이 경우 페베이가 독단으로 보고서를 작성하지 않았다는 의혹도 제기할 수 있다. 이와 같은 대립이 재판 개시부터 있었음을 추측할 수 있는 간접적 증거로 재판 당사자들의 조기 결판 예측이 빗나갔다는 점을 들 수 있다.

제1차 심문 후인 4월 23일에 갈릴레오는 토스카나 대공 페르디난도 2세의 개인 비서였던 제리 보키네리에게 보고했다. 총주임 마쿨라노와 검찰관인 카를로 신체리가 찾아와 마음을 편히 가지고 사태를 낙관적으로 바라보라며 몇 번이고 당부했다고 전했다.

실제로는 상황이 오히려 악화 일로에 들어섰음이 분명하다. 그다음 날 나온 니콜리니가 안드레아 촐리 앞으로 보낸 편지에도 성모 승천 대축일을 위해 카스텔 간돌포에 가 있는 교황이 로마로 돌아오면 갈릴레오는 조속히 석방되리라고 적혀 있다.

이는 니콜리니가 임의로 내린 해석이 아니라 검사성성 관계자에게 얻은 정보라고 추측할 수 있다. 그러나 5월 8일 성모 승천 대축일이 지나도 갈릴레오는 석방되지 않았다. 교황과 바르베리니 추기경의 5월 26일 총집회에서 모든 것이 판가름 난다는 예측도 실현되지 않았다. 이러한 사실로 미루어 보아 갈릴레오의 공술에 만족하지 못하고, 그에게는 교황과 프란체스코 바르베리니 추기경이 생각하는 이상의 무거운 형벌을 내려야 한다고 생각하는 세력이 있었을 가능성이 수면 위로 부상한다.

✤ 최종 공술

6월 21일에 검사성성으로 출두한 갈릴레오에게 '의도'에 관한 심문이 이어졌다. 마쿨라노는 다음과 같은 질문으로 서두를 열었다. 검사성성 감찰관인 신첼리와 공증인이 동석했다.

문: 뭔가 할 말이 있는가?
답: 아무것도 없습니다.

문: 태양은 세상의 중심에 있고, 지구는 세상의 중심이 아니며, 일주운동을 한다는 주장을 품고 있는가? 그러한 생각을 품고 있었던 기간은 어느 정도인가?

답: 상당히 예전부터, 즉 금서목록성성의 결정 이전, 그리고 명령이 저에게 내려지기 이전에는 두 가지 의견, 다시 말해 프톨레마이오스와 코페르니쿠스의 의견은 모두 자연계에서는 진실일 수 있기에 공평하게 다루어야 하고, 논의의 여지가 있다고 생각했습니다. 그러나 지난번 결정 이후로는 높으신 분들의 사려로 보증되었기에 모호한 부분이 완전히 사라지고, 프톨레마이오스의 의견, 즉 지구는 정지해 있고 태양은 움직인다는 의견이 진실이며, 의심의 여지가 없다고 생각했고, 지금도 그렇게 믿고 있습니다.

마쿨라노는 이어서 『천문대화』에서는 금서목록성성의 결정 이후에도 그러한 의견을 품고 있었다고 추측할 수 있는 내용이 포함되어 있다고 추궁했다. 그러자 갈릴레오가 다음과 같이 대답했다.

답: 이미 출간된 『천문대화』를 집필하며, 제가 그러한 내용을 적어 넣은 것은 코페르니쿠스의 의견을 진실이라고 믿었기 때문이 아닙니다. 어느 쪽에나 공통의 이익을 줄 수 있는지만 생각하고, 어느 쪽에서나 제시할 수 있는 자연학적 천문학적 논거를 설명했습니다. 제가 보여드리려고 했던 것은 어느 쪽도 제 의견을 결정적으로 증명하는 힘을 가지고 있지 않으며, 착실하게 전지하려면 가장

숭고한 가르침이 결정해 의지해야 한다는 것입니다. 『천문대화』의 상당 구절에서 확실히 알 수 있습니다. 그러므로 단언컨대 높으신 분들의 결정 이후에는 단죄받아 마땅한 의견을 주장하지도 않았거니와 품지도 않았습니다.

문: 이 책에서도 지구는 움직이고 태양은 제 자리에 머물러 있다는 주장을 긍정하기 위해 제출한 논거에서도 이미 말했듯, 그대가 코페르니쿠스의 의견을 지금도 품고 있거나, 적어도 당시에는 품고 있었다고 추정할 수 있다. 진실을 말하겠다는 결단을 내린다면 그대에게 적절한 법의 구제책을 적용할 것이다.

답: 저는 코페르니쿠스의 의견을 포기하라는 명령을 통고받은 이후에는, 그러한 의견을 주장하지 않았고, 품은 적도 없습니다. 저는 검사성성의 수중에 있으며 그저 합당한 처분을 바랄 뿐입니다.

문: 그대에게는 오로지 진실을 말해야 한다는 의무가 있을 뿐이다. 만약 진실을 고하지 않는다면 고문도 각오해야 한다.

답: 저는 복종하기 위해 이 자리에 왔습니다. 이미 말씀드렸듯, 결정 이후로는 그러한 의견을 품은 적이 없습니다.

이 선서 공술서는 여기서 끝나는데, 끄트머리에는 갈릴레오의 서명이 들어가 있다. 갈릴레오는 선서 공술서에서도 코페르니쿠스의 지동설이 진실이라고 생각하지 않는다고 거듭 강조한다. 제8장에서도 다루었듯, 이는 갈릴레오의 본심이 아니었을 것이다. 이처럼 불성실한 공술을 마쿨라노가 받아들였다는 부분을 문제로 삼아야 할 수도 있다. 마쿨라노가 갈릴레오에게 호의를 베풀었다고 해석할 여지도 있지만, 오히려 그는 재판 추이를 관망했던 것으로 보인다.

마쿨라노는 이미 6월 16일 열린 검사성성 총집회의 결론과 교황의 의중을 알고 있었다. 19일에 교황은 토스카나 대사인 니콜리니에게 "갈릴레오에 대해서는 1616년에 내린 명령을 거슬렀으니, 통상적인 관례에 따라 당분간 여기서 투옥하지 않을 수 없다. 그러나 결정이 내려진 후에 다시 만나기로 하자. 고민의 여지를 최소한으로 줄이기 위해 의논이 필요하다. 그 인물에게 어느 정도 본보기를 보여야 하는 상황은 피하기 어렵다", "어쨌든 그는 한동안 어디 수도원, 가령(우르비노 공원) 산타크로체 수도원으로 보내질 수 있다"라고 이야기한다.

따라서 만약 이 최후의 심문을 무사히 끝마치면 곧바로 최종 판결이 내려지고 재판이 종결되어 갈릴레오는 최악의 사태는 피할 수 있을 것이라고 판단했다. 그랬기에 그를 심하게 몰아세우지 않는다는 전략을 취했던 것으로 볼 수 있다. 그래야 '법정은 명성을 유지하고, 피고인에게 은혜를 베풀 수' 있기 때문이다.

✤ 갈릴레오는 고문을 받았나

이 21일 심문과 관련해 갈릴레오가 과연 고문을 받았는지가 해결되지 않은 문제로 남아 있다. 16일 총집회에서 교황은 분명하게 "고문 위협을 가해서라도 심문해야 한다"고 명령했다. 마쿨라노도 "진실을 말하겠다는 결단을 내린다면 그대에게 적절한 법의 구제책을 적용할 것이다"라고 말했다. 이 말은 은근히 고문을 암시하고 있다. 재판 관계자의 발언으로 갈릴레오가 고문을 받았을 가능성이 농후하다고 주장하는 연구자도 있다.

고령의 갈릴레오는 이단 혐의를 받고 있었다. 그러나 토스카나 대공 직속 수학자 겸 철학자라는 고위직 인물이었기에 고문을 당하지는 않았다는 주장이 제기되곤 했다. 이 주장에는 아무런 설득력이 없다. 이미 지적했듯, 고문은 정규 재판 절차에도 포함되어 있었다. 고문의 결과라도 자백은 다양한 증거 중 가장 신빙성 높은 증거로 채택되었다. 물론 이단 단절 맹세를 하며, 고문으로 자백했다고 말할 수도 없는 노릇이었기에 고문 여부를 판단하는 것은 곤란하다.

일단 여기서는 갈릴레오는 고문을 당하지 않았다는 쪽에 찬성표를 던지고 싶다. 고문은 없었다고 주장하는 쪽에서 근거로 제시한 내용에 동의해서가 아니다. 토스카나 대사 니콜리니가 재판 직후에 본국으로 보낸 편지를 보고 유추할 따름이다. 편지에는 갈릴레오가 고문을 당했다고 짐작할 수 있는 내용이 전혀 없기 때문이다. 22일 판결이 내려지는 재판정에 갈릴레오가 부축을 받고 출두했더라면 당연히 니콜리니가 그 사실을 본국에 보고했을 터다. 고문 결과로 보기에는 갈릴레오의 공술이 검사성성의 기대와 어긋난다.

　고문 가능성에서는 오히려 4월 27일 오후, 마쿨라노와의 법정 밖에서의 교섭을 의심해야 한다. 그가 프란체스코 바르베리니 추기경에게 보낸 편지는 검사성성의 추기경들이 '재판을 더욱 엄격하게' 해야 한다는 쪽으로 생각이 기울기 시작했다고 전하고 있다. 이 역시 돌려 말하기는 했지만, 고문 가능성을 암시하고 있다. 또 그들은 갈릴레오를 '논리로는 설득할 수 없다'고 생각했다.

　그러나 내 판단으로는 이 경우에도 고문은 없었을 것이다. 마쿨라노는 교황 일족의 의견을 충실히 대변한 공로를 인정받아 집행자 역할을 하도록 총주임 자리에 올려진 인물이다. 그런 그가 교황과 바르베리니 추기경이 카스텔 간돌포에 가 있느라 부재중인 상황에서 독자 행동을 했다고는 생각하기 어렵기 때문이다. 게다가 갈릴레오는 4월 30일 제2차 심문에서 "헛된 야심과 무지와 부주의에서 비롯되었습니다"라며 자신의 잘못을 인정했지만 이 공술이 고문의 결과로는 보이지 않는다.

⚜ 갈릴레오는 이단죄를 인정했나

　지금까지 갈릴레오 재판을 다룬 서적은 일반적으로 갈릴레오가 압력에 굴복해 이단죄를 인정했고, 이단 단절 맹세를 했다고 서술했다. 예외는 거의 없었다. 그의 거듭된 고난을 견뎠던 영웅적

만약 그가 지구의 운동을 고집스럽게 주장했더라면
그에게는 극형이 기다리고 있었을 것이고,
우리는 그가 만년에 집필한 『새로운 두 과학』을
읽지 못했을 수도 있다.

DISCORSI
E
DIMOSTRAZIONI
MATEMATICHE,

intorno à due nuoue scienze

Attenenti alla

MECANICA & i MOVIMENTI LOCALI,

del Signor

GALILEO GALILEI LINCEO,

Filosofo e Matematico primario del Sereniſsimo
Grand Duca di Toſcana.

Con vna Appendice del centro di grauità d'alcuni Solidi.

IN LEIDA,

Appreſſo gli Elſevirii. M. D. C. XXXVIII.

이미지를 부각하려면 그와 같은 결말이 어울린다. 그러나 조금 냉정하게 그의 선서 공술서를 차근차근 읽어보자.

갈릴레오의 공술에는 변천이 있지만, 그는 단 한 번도 이단죄를 범했다고 말하지 않았다는 사실을 무시해서는 안 된다. 또 다음 장에서 다시 자세히 설명하겠지만, 결판 후에 갈릴레오가 낭독한 이단 단절 선서는 자신이 작성하지 않았다.

1616년에 코페르니쿠스의 『천구의 회전에 관하여』가 금서 목록에 오르기 이전에는 지동설을 믿는 것도 가르치는 것도 범죄가 아니었다. 갈릴레오도 1616년에 경고를 받았지만 처벌은 받지 않았다. 이는 벨라르미누스의 증명서로도 명백히 밝혀진 사실이다. 이 증명서는 1633년 재판에서는 효력을 발휘하지 못했지만, 1616년 이전의 일에 대해서는 그에게 면죄부를 주었다.

1616년 이후, 특히 1633년 재판에서는 제1차 심문에서 『천문대화』는 "코페르니쿠스의 논거는 무효로 결정적인 사실을 보여주지 못한다"라고 진술했다. 그리고 제2차 심문에서는 코페르니쿠스 지동설을 "피하려고 했다"라고 진술했다. 또한, "태양 흑점과 조수 간만에 대한 두 논의는 결정적 사실이 아니라 논박할 수 있다고 생각했지만"이라고 진술했다. 6월 21일에 이루어진 추가 심문에서는 "지구는 정지해 있고, 태양은 움직인다는 의견이 진실이며, 의심의 여지가 없다고 생각합니다. 그리고 지금도 그렇게 생각합니다"라고 대답한다.

제2차 심문에서 "헛된 야심과 무지와 부주의에서 비롯되었습니다"라며 잘못을 인정했고, 항변서에서는 "헛된 야심과 일반적인 대중작가보다 똑똑해 보이고 싶다는 자만심에서 비롯되었습니다"라며 누락을 인정했지만, 이단죄를 인정한 적은 단 한 번도 없다.

갈릴레오에게서 압력에 굴복하지 않고 코페르니쿠스 지동설을 옹호하는 영웅적 과학자의 모습을 보고자 했던 사람들은 실망스러울 수 있다. 만약 그가 지구의 운동을 고집스럽게 주장했더라면 그에게는 극형이 기다리고 있었을 것이고, 우리는 그가 만년에 집필한 『새로운 두 과학』(정식 제목은 Discorsi e dimostrazioni matematiche, intorno a due nuove scienze attenenti alla mecanica ed i movimenti locali으로 '역학과 지상 운동에 관한 두 신과학에 대해서의 대화와 수학적 증명'이라는 뜻-옮긴이)을 읽지 못했을 수도 있다.

이 갈릴레오의 법정 전술을 설명해주는 문서가 남아 있다. 지금까지 인용한 부오나미치(Giovan Francesco Buonamici)의 회상이다. 구체적인 날짜는 없지만, 그가 작성한 시기에 갈릴레오는 이미 유폐된 몸이었다는 사실만은 확실하다. 부오나미치 아내의 사촌 여동생인 세스틸리아 보키네리(Sestilia Bocchineri, 정식 이름은 Countess Alessandra Bocchineri Buonamici)는 갈릴레오의 아들인 빈센초(Vincenzio)와 결혼했다. 그는 비교적 갈릴레오와 친한 관계였고, 방문자를 엄격하게 제한하지는 않았기에 갈릴레오와 면회할 수 있었다고 추정한다. 또 이야기의 내용으로도 그가 갈릴레오에게 직접 들었다고 생각할 수 있다.

갈릴레오의 숙적들도, 태양 흑점을 보았다는 새로운 사칭자들도 갈릴레오를 검사성성의 집회로 끌어내 그러한 생각을 품지도 옹호하지도 않고 그저 논하기만 한 그에게 불필요했음에도 공식적으로 코페르니쿠스의 주장을 버리도록 종용했습니다. 생각지도 못한 일로 겁박을 받게 되었음을 알고, 주임인 피렌추올라 신부(마쿨라노)와의 회담에서 이단 단절 맹세에 대한 이야기는 전혀 듣지 못했기에 갈릴레오는 추기경들에게, 그들은 이와 같은 조사를 하고, 추기경 예하들을 기쁘게 하라고 스스로를 타일렀지만 두 가지 건만은 제외해달라고 애원했습니다. 즉, 자신은 가톨릭 신자이며 가톨릭 신자로 죽고 싶기에 사악한 마음을 품은 이들이 그리 생각하더라도 결코 가톨릭 신자라는 사실을 부인할 생각이 없다. 또 하나는 누구에게도 사기를 치지 않았으며, 특히 교회의 검열에 따라 법적으로 승인받은 책을 출간했을 뿐이다. 이와 같이 항의한 뒤 그는 피렌추올라 신부가 초안을 잡은 문서를 낭독했습니다.

여기에는 재판 종반의 상황을 이야기하고 있으며, 자신의 업적을 시기하는 사람들의 음모로 종교재판에 회부되었다는 갈릴레오의 믿음이 강하게 반영되어 있다. 그가 종교냐 과학이냐 둘 중 하나를 선택해야 하는 고뇌의 갈림길에 섰음을 알 수 있다. 갈릴레오

400년 전, 그 법정에서는 무슨 일이 있었나?

는 그 갈림길에서 둘 모두를 지키려 했다.

그 결과, 그가 고심 끝에 내린 결단으로 채택한 법정 전술이 지금까지 살펴본 내용이었음을 생각해야 한다. 그는 그 길이 이단이 되지 않고, 『천문대화』가 금서로 지정되는 상황을 피하는 유일한 방책이라고 생각했다. 우리의 기대와는 다르지만, 갈릴레오는 독실한 가톨릭 신자로 끝까지 투쟁했다. 다만 다음 장에서 인용하는 판결문을 보면 알겠지만(종교재판이란 원래 그런 법이라고 말하면 어쩔 수 없다고는 해도) 고백한 죄의 내용과 형벌의 무게는 비례하지 않는다.

10

판결

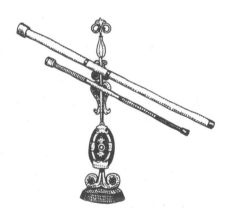

1633년 6월 22일 수요일, 갈릴레오는 산타마리아 소프라 미네르바 성당에 세워졌다. 관례에 따르면, 그는 참회를 위해 흰옷을 입어야 했다.

몇 가지 변칙성(예를 들어, 4월 27일 법정 밖에서 마쿨라노와 갈릴레오 사이에 오간 회담이나, 사소하게는 검사성성에서 쾌적한 방을 마련해주었고, 메디치 대사관저의 요리사들이 식사를 만들고 시중을 들었으며, 서신을 교환할 수 있었다)은 있었지만, 재판은 관례에서 크게 벗어나지 않고 거의 정해진 절차대로 진행해 판결을 확정했다. 위태로운 갈릴레오 앞에 다음과 같은 판결문이 낭독되었다. 상당한 장문이다.

판결문 서두에 검사성성 추기경 열 명 모두의 이름을 기재하고, 판결 본문이 이어진다. 우선, 1616년 사건을 서술한다. 나, 피렌체 출신 빈센초 갈릴레이의 아들, 갈릴레오, 70세는, 1616년에 본 검사성성에 고소되었다.

특정한 이들이 가르친 잘못된 학설, 즉 태양은 세상의 중심에서 움직이지 않고, 땅은 움직이며 일주운동을 한다는 학설을 진실로 간주하고, 이 학설을 가르친 제자를 두고 같은 학설을 주제로 독일 수학자들과 서신을 교환했고, 동 학설을 진실이라고 주장하는 「태양 흑점에 관하여」라는 제목의 편지를 인쇄했으며, 『성서』에서 근거를 찾아 나에게 가해진 반론에 『성서』를 임의로 해석해 답변했다.

✤ 판결문

······벨라르미누스 추기경의 저택에서도, 예하가 계신 자리에서도 동 추기경의 충고와 경고를 받은 후 당시의 검사성성 주임신부에게 공증인과 증인을 입회시켜 앞에서 설명한 잘못된 의견을 전면적으로 포기하고, 앞으로는 구두로도 문서로도 그러한 주장을 표명하지 않고 어떠한 방식으로도 품어서도 옹호해서도 가르쳐서도 안 된다는 명령을 받았다. 나는 그에 따르겠다고 약속하고 방면되었다.

최근 피렌체에서 작년에 인쇄된 『갈릴레오 갈릴레이의 프톨레마이오스와 코페르니쿠스의 2대 세계 체제에 관한 대화』라는 제목의, 제목만으로도 내가 저자임을 알 수 있는 책이 나타났다. 그리고 검사성성에 그 책의 출판으로 대지의 운동과 태양의 정지라는 잘못된 의견이 나날이 뿌리를 내리고 유포된다는 보고가 올라갔다. 이에 여러 정황을 상세하게 고찰해 나에게 내려진 금지 명령을 명백하게 위반했음이 발견되었다. ……

항변 기회가 주어진다면, 내가 이단 단절 선서를 하고 검사성성에 들어왔다는 내 적의 중상에 대해 항변하기 위해 나에게 주어졌다고 일컬어지는 벨라르미누스 추기경 예하의 손으로 작성된 증명서를 제출했다. 이 증명서에는 내가 이단 단절 선서를 하지 않고, 처벌도 받지 않고, 대지의 운동과 태양의 정지 학설은 『성서』에 어긋나며 옹호하고 품어서도 안 된다는 교황께서 선고하신 금서목록성성이 공포한 선고가 나에게 통고되었다는 사실만 적혀 있다.

그리고 동 증명서에 금지 명령이 내려진 두 가지 문구, 즉 '가르치고', '어떠한 방식으로도'가 기재되어 있지 않기에 14년 또는 16년이 흐르는 동안 전혀 기억하지 못하고, 또 그러한 이유로 그 책을 인쇄하는 허가를 요청했을 때 그 금지 명령에 대해 침묵했으며, 이 모든 일을 내 잘못에 대한 변명이 아니라 악의가 아닌 헛된 야심에서 비롯되었음을 믿어주십사 부탁드리는 바다. 그런데 내가 항변을 위해 제출했던 증명서야말로 내 죄를 더욱 무겁게 만드는 증거로 이용될 뿐이다.

증명서에는 내 의견에 『성서』에 어긋난다는 사실이 기술되어 있었음에도 나는 그 의견을 개연성이 있다고 판단해 옹호하고 설득하려 했기 때문이다. 또 내가 받은 금지 명령을 알리지 않았을 뿐 아니라 교묘하게 갖가지 술책을 부려 공모한 출판 허가도 나에게 아무런 도움이 되지 않는다.

내가 자신의 의도에 대해 진실을 모두 말하지 않았다고 여겨져 엄격한 심문이 필요하다고 판단했다. 심문에서 나는 이미 고백한 사실을 뒤집지 않고 내 의도를 섣불리 추측하지 못하도록 가톨릭 신자답게 떳떳하게 대답했다.

갈릴레오의 유죄 사유는 1616년에 세기치에게 받은 금지 명령에 대한 '명백한 위반'이다. 또 그는 벨라르미누스의 온건한 명령마저 위반했다고 지적받았다. 벨라르미누스의 증명서에 지동설이 『성서』에 어긋난다는 기술이 있었음에도 '개연성 있는 주장', 즉 있을 수 있는 일이라고 주장했기 때문이다. 정식 절차에 따라 내려진 출판 허가는 허위 신고에 기초했기에 검사성성의 과실이 아니라 모든 책임은 갈릴레오 자신에게 있다.

또 강경파의 존재를 암시하는 "내가 자신의 의도에 대해 진실을 모두 말하지 않았다고 여겨져"라는 문구가 삽입되어 있다. 즉, 세 차례 심문에서 갈릴레오의 공술과 항변서 내용에 만족하지 않은 세력이 있었다는 뜻으로 해석할 수 있다. 판결문 마지막에 판결 주문이 들어 있다.

나의 이 중대하고 유해한 잘못과 위반이 아무런 처벌을 받지 않도록, 또 내가 앞으로 보다 신중해지고 유사한 다른 죄를 범하지 않는 본보기로 내 『갈릴레오 갈릴레이의 대화』를 공식 포고로 금지

할 것을 명한다.

　우리가 바라는 기간, 당 검사성성의 정식 감옥에 투옥할 것을 명한다. 잘못을 뉘우칠 수 있도록, 앞으로 3년 동안, 매주 한 번, 일곱 차례 참회 시편 암송 의무를 부과한다. 형벌과 참회 기간 동안 일부를 경감하고, 변경하고, 혹은 철회할 권한은 우리가 보류한다.

이 판결문도, 이단 내용에 대한 설명, 검사성성에서 이루어진 심의 내용, 그리고 최후 방면과 권고와 형벌이 있고, 검사성성이 앞으로 판결을 변경할 권한을 보류한다는 문장으로 끝맺는다. 6월 16일 목요일의 검사성성 총집회에 제출된 참여관 페베이의 적요 보고서에 있었던, 이단 여지가 있어 보이는 로리니의 고발에 대한 기술 없이 세기치의 금지 명령만을 문제로 삼았던 것도 아니었다.

♣ 이단 포기 선서

판결이 내려진 후, 갈릴레오는 이단 포기 선서를 했다.

　고 빈첸초 갈릴레이의 아들로 피렌체에서 태어나 올해 일흔 살이 된 저 갈릴레오 갈릴레이는 개인적으로 심문을 받고, 가장 뛰어나시고 존경받아 마땅한 이단 심문관 추기경 앞에 무릎을 꿇고 있습니다.

……태양은 세계의 중심으로 움직이지 않고, 지구는 세계의 중심이 아니므로 움직인다는 잘못된 견해를 완전히 포기하도록, 또한 이 잘못된 학설을 말로도 글로도, 어떠한 방식으로도 품거나 옹호하거나 가르쳐서는 안 된다는 금지 명령에 따라 정식으로 경고를 받았음에도, 또 이 학설이 『성서』에 어긋난다는 사실을 알게 된 후에도, 단죄의 대상이 되어 마땅한 이 학설을 논하고, 그 학설을 부정하지 않고, 저에게 유리한 근거를 들어 책을 쓰고, 인쇄했기에 저는 검사성성에 이단 혐의로 고발당했습니다.

즉 태양은 세상의 중심에서 움직이지 않고, 지구는 중심이 아니라 움직인다는 견해를 품고, 믿었다고 판정받았습니다.

저에 대해 정당하게 제기된 이 중대한 혐의를, 추기경 예하와 신실한 기독교 신자들께서 응당 제게 품으실 심각한 혐의를 풀기 위해 이단과 단절하고 저주하며 혐오하겠습니다. ……저 갈릴레오 갈릴레이는 이에 포기하고, 맹세하고, 약속하며 책임을 지겠습니다. 이상의 내용이 모두 진실이라는 증거로, 이 서류에 자필로 서명하고 로마와 미네르바 수도원에서 단어 하나하나 모든 구절을 복창했습니다.

1633년 6월 22일
저 갈릴레오 갈릴레이는 자필로 위와 같이 이단을 포기합니다.

제9장에서 인용했던 부오나미치의 회상에서 언급했듯, 이 이단 포기 선서는 검사성성이 미리 준비한 서류로 갈릴레오가 직접 작성하지 않았다. 그러므로 형식적인 부분은 차치하고, 이 이단 포기 선서를 근거로 갈릴레오가 본심에서 이단죄를 인정했다고는 할 수 없다.

이날 밤 갈릴레오는 검사성성 내에 구류되었으나, 다음 날 바로 감형되었다. 그는 감옥에 갇히는 대신 메디치 가문의 저택에 연금당하는 처분을 받았다. 니콜리니가 26일에 본국으로 보낸 "갈릴레오에게 내려진 형은 이미 트리니타 데이 몬티(Trinita dei Monti) 정원으로 송치 또는 추방으로 변경되었다"라고 보고한 사실로도 충분히 짐작할 수 있는 사실이다. 토스카나 대사관저와는 별도로 로마의 트리니타 데이 몬티 거리에는 메디치 가문의 거대한 별채가 있었다.

✤ 프란체스코 바르베리니

판결문 서두에는 이단 심문관 열 명의 이름이 기재되어 있다. 그런데 판결문 말미에는 그들 중 일곱 명의 서명밖에 들어 있지 않다. 이 사실로도 이단 심문관 사이에 의견 대립이 있었음을 짐작할 수 있다.

갈릴레오에게 투옥형이라는 중형을 부과하자는 주장과 가벼운 처벌로 끝내자는 주장으로 나뉘었다. 그러나 가벼운 처벌로 끝내자고 주장했던 측이 결석하며 서명을 거부했다는 주장이 제기되었다.

그러나 추기경으로 구성된 이단 심문관 열 명이 전원 출석한 집회는 거의 없었다는 점을 고려해야 한다. 목요일에는 교황이 출석하기에 감히 결석할 배짱을 부리는 사람이 드물어 대개 출석자 수가 상당히 많은 편이었다. 반면 목요일에 내려진 판결에는 두 명만 서명한 기록도 남아 있다. 따라서 일곱 명이라는 출석자 수는 검사성성의 수요일 집회치고는 충분한 인원이었다. 갈릴레오의 판결문에 서명하지 않은 사람은 스페인 출핀 가스파레 보르히아 추기경, 제노바 출신 라우비디오 자키아 추기경, 그리고 프란체스코 바르베리니였다.

보르히아의 결석 사유는 지금으로서는 도무지 알 길이 없다. 당시는 스페인과 교황이 한창 대립각을 세우고 있던 와중이었다. 보르히아는 서명을 해서 교황에게 충성을 바치고 싶지 않다며 서명 거부를 무기로 반감을 드러냈을 수도 있다. 그의 진위는 확인할 방법이 없지만, 보르히아가 검사성성 집회에 수시로 결석했다는 사실만은 확실하다. 자키아 추기경이 결석한 이유 역시 확실하지 않지만 어쨌든 그는 자리를 비웠고, 6월에는 로마에 없었다. 또 보르히아 추기경도 자키아 추기경도 갈릴레오에게 동정을 표했다는 증거는 없다.

세 번째 인물인 프란체스코 바르베리니는 마쿨라노와 함께 갈릴레오를 끈질기게 지키려고 했던 대표적인 갈릴레오 옹호자로 일컬어진다. 그리고 판결문에 그의 서명이 없다는 사실을 유력한 근거로 들어 판결에 반대했다고 추정했다. 또 바르베리니가 카스텔리의 가르침을 받았다는 사실도 증거로 유력한 증거로 지적되곤 했다. 카스텔리니는 갈릴레오의 제자였으니, 바르베리니는 말하자면 갈릴레오 제자의 제자였다. 또 바르베르니가 린체이 아카데미 회원이었다는 사실도 이러한 추측을 확증으로 바꾸어주는 증거로 간주했다.

여기서는 프란체스코 바르베리니의 검사성성 집회 출석률을 짚고 넘어가야 한다. 그가 이단 심문관이었던 1624년부터 1633년까지 그의 출석률은 매우 저조했다. 1633년에는 주로 수요일에 55회 개최된 집회에 일곱 번, 38회 개최된 목요일 총집회에 열다섯 번밖에 출석하지 않았다. 갈릴레오에게 가벼운 처벌만 내리고 사태를 수습하려면 판결 당일이 아니라 갈릴레오에게 내릴 처벌을 결정하는 6월 16일 검사성성 총집회에 출석해서 의견을 표명해야 했지만, 그는 이날도 출석하지 않았다. 교황 측근이었던 그는 교황을 모시고 카스텔 간돌포에 머물며 그와 함께 행동하느라 분주했다는 게 결석 사유로 추정된다. 특히 판결이 있던 6월 22일에는 바르베리니가 담당하는 페스트 대책과 관련한 명령이 내려졌다는 사실도 참고해야 한다.

판결문은 출석 추기경 전원이 준비되어 있던 서류 하단에 서명하면 마무리되었다. 결석자는 서명할 수 없었다. 그게 다였다. 세 명의 서명이 없다는 부분에 주목해 심오한 의미를 찾으려고 애써 봤자 헛수고로 끝날 뿐이다. 오히려 갈릴레오가 로마에 도착했던 직후인 2월 16일 수요일 검사성성 집회에 출석하는 게 중요한 의미를 지닌다고 생각해야 한다.

이 시기, 프란체스코 바르베리니는 교황이 출석하지 않는 수요일 집회는 대부분 빠졌기에 이 경우가 예외적이다. 이날 무슨 심의가 있었는지는 2월 27일에 니콜리니가 본국의 촐리 총리에게 보낸 편지로 알 수 있다. 그는 전날 알현에서 교황이 다음과 같이 말했다고 보고했다.

검사성성 업무는 일반적으로 천천히 진행되는 법이다. 신속하게 진행될지 아닐지는 전혀 가늠할 수 없었다. 그들(이단 심문관 추기경들)은 심문 준비를 하고 있지만, 아직 준비가 끝나지 않았다. 그러므로 갈릴레오가 로마에 도착하자마자 이단 심문 절차에 대한 논의가 시작되었다. 2월 16일 수요일 검사성성 집회가 이를 논의하는 최초의 회의였던 셈이다.

바르베리니도 이 집회에만은 참석해야 했다. 그러나 집회 참석이 갈릴레오를 지키기 위해서였는지, 집회에 교황의 의견을 반영시키기 위해서였는지는 알 길이 없다. 물론, 바르베리니가 갈릴레오를 정중하게 대우했다는 사실은 부정할 수 없다. 갈릴레오도 니콜리니도 재판을 피하려고 그에게 청탁했다. 재판 도중임에도 갈릴레오를 검사성성에서 토스카나 대사관저로 돌려보내주었던 조치도 바르베리니의 입김이 닿은 덕분이라고 볼 수 있다.

다만 1632년 8월 하순에 니콜리니가 갈릴레오의 책을 조사하기
위한 특별위원회에 중립적 입장에 서 있던 인물을 넣으려고 바르
베리니에게 탄원했을 때 그는 애매한 대답밖에 하지 않았다. 또 며
칠 후에 니콜리니가 토스카나 대공의 지시로 그를 면회하고, 고발
내용을 가르쳐달라고 요청했을 때도 그는 아무런 약속도 해주지
않았다.

2009년에 출간된 『갈릴레오 갈릴레이 재판 바티칸 자료집
(1611~1741)』에서 공표한 바티칸 도서관 소장 문서 중에 바르베르
니가 갈릴레오 재판을 어떻게 생각했는지를 알려주는 편지가 있
다. 이 편지는 『국정판 갈릴레오 갈릴레이 전집』에 있었으나, 부분
적으로만 수록되어 전문을 읽을 수 없었다.

재판이 끝난 다음 날, 그 편지는 바르베리니에 의해 스페인 주
재 교황 사절 체사레 몬티(Cesare Monti) 앞으로 발송되었다. 편지는
볼로냐에서 출간될 예정인 스페인 국왕을 비방하는 책에 내려진
처분에 관한 내용을 담고 있었다. 바르베리니는 이 책과 마찬가지
로 이단 혐의가 있는 서적이 검열을 빠져나가 출간된 경우 받게 되
는 법적 처분에 대해 다음과 같이 조언했다.

제가 각하에게 이런 이야기를 드리는 것은 이것이 각하에게 최
선의 방법임을 알려드리고, 이 방법을 사용하시라고 간곡히 부탁
드리기 위해서입니다. 책 검열을 의뢰받은 인물의 부주의로 출판
할 값어치가 없는 책을 간과하는 상황은 이곳에서는 놀랄 일도 아

니기에 갈릴레오의 사례를 활용하면 좋을 듯하옵니다. 그는 지구의 운동에 대한 책을 썼지만, 검사성성 장관이 인쇄를 허가하고 인쇄되었습니다. 그 후 책 속에 중대한 결함이 발견되어 검사성성은 출판을 중단시키지 않고 도대체 왜 그런 책을 썼는지를 확인하기 위해 저자를 로마로 소환하지 않았습니다.

이 편지로 바르베리니는 리카르디의 실책을 은근히 비난했을 뿐 아니라 갈릴레오 재판이 성공적으로 마무리되었다고 생각했음을 알 수 있다. 바르베리니는 재판 기간을 통틀어 변함없이 갈릴레오를 지지했고 판결문에 서명을 거부했다. 이 사실은 그가 끝까지 갈릴레오 지지 의사를 표명하지 않았다는 기존의 해석을 뒤집어엎는다.

프란체스코 바르베리니가 갈릴레오에게 보인 존경의 마음, 그와 마쿨라노가 갈릴레오에게 표한 개인적 호의는 의심의 여지가 없다. 그러나 재판 근간에 얽힌 장면에서 그들이 갈릴레오를 위해 무언가를 했다는 흔적은 찾아내지 못했다.

로마 교황청은 교황을 정점으로 하는 거대한 관료조직으로, 프란체스코 바르베리니도 그 조직의 일원이다. 즉 바르베리니는 교황의 뜻을 전달하는 역할을 맡았고, 마쿨라노는 교황의 충실한 실행자로 수족처럼 행동했다. 리카르디도 별반 다르지 않다. 그는 1632년 가을에 "저는 한낱 개인으로, 제 일은 그저 당국이 결정한 사안을 수행하는 것입니다"라고 속내를 토로했다.

　다소 꼬인 관점을 취한다면 그들은 밑바탕에는 가톨릭 신앙에 심각한 문제가 있더라도 그들은 교황을 최고 책임자로 섬기는 관료통제에서 구멍이 생긴 부분을 가능한 온건한 방식으로 메우려고 노력했다고 볼 수 있다. 프란체스코 바르베리니는 이 재판이 끝난 해의 12월에 교황령 총리로 임명되어 50년 가까이 그 지위를 지켰다. 그의 수완은 이 시기 외교에서 발휘되었다.

11

"그래도 지구는 돈다"

갈릴레오 갈릴레이는 메디치 가문의 저택
으로 이송되었다. 니콜리니의 노력 덕분에, 7월 초순에는 지인이
었던 시에나 대주교 아스카니오 피콜로미니(Ascanio Piccolomini)의 관
리하에 연금되었다. 피렌체 근교의 아르체트리(Arcetri)에 있는 자
택에는 그보다 반년 후에나 돌아갈 수 있었다. 유죄 판결을 받고
도 갈릴레오의 연구에 대한 열정은 좀처럼 식을 줄 몰랐다. 갈릴레
오는 아르체트리에서 만년의 저작 『새로운 두 과학』을 완성했다.
1636년의 일이었다. 책의 내용은 지상의 역학으로, 천문학 관련
내용은 포함되지 않았다.

검사성성이 내린 처분, 즉 외부인을 불러서도 안 되고 찾아온
사람과 대화를 나누어서도 안 된다는 조건은 이후 완화되었다.
최초로 갈릴레오 전기를 집필하게 되는 빈센초 비비아니(Vincenzo
Viviani), 진공을 발견한 사람으로 알려진 에반젤리스타 토리첼리

(Evangelista Torricelli)가 한집에 살며 조수로 갈릴레오의 과학 연구를 도왔다. 아르체트리는 갈릴레오의 마지막 보금자리가 되었고, 그는 1642년 1월 8일 영면에 들었다. 허가를 받으면 외출할 수 있었지만 죽을 때까지 자택 연금 처분이 해제되지는 않았다.

갈릴레오에게 내려진 판결문은 종교재판 관례에서 크게 벗어나 이탈리아 방방곡곡의 이단 심문관과 유럽 각지의 궁정에 파견된 교황 사절에 전달되었을 뿐 아니라 철학과 수학 교수 모두에게 전하라는 명령이 내려졌다. 1633년 7월 9일, 피렌체 이단 심문관 에디지는 안토니오 바르베리니에게 분부대로 다음 주 중 모두 지체하지 않고 실행하겠다고 보고했다.

그러나 엄중한 판결 내용과는 달리 실제 처벌은 교황이 예정했던 수준에 근접했다. 판결에서 내린 형의 무게와 실제 처분에는 괴리가 있었다. 판결에서는 중벌을 내리라는 측에 양보해주고, 나중에 자신의 권한으로 처음에 예정했던 수준으로 경감해주려 했던 교황의 의중이 반영된 결과였다. 갈릴레오의 판결과 그가 실제 받은 처분은 교황의 타협 산물이라고 추측할 수 있다.

✤ 갈릴레오에게 무슨 죄를 물었나

지금까지 갈릴레오 재판을 다룬 수많은 책들은 갈릴레오가 『성서』의 기술에 어긋나는 지동설을 주창해 종교재판을 받았으며 유

피렌체 근교, 아르체트리의 갈릴레오 자택

죄 판결이 내려졌다고 설명한다. 이 설명은 완전히 틀렸다고는 할 수 없지만, 완전한 진실이라고 주장하기에는 어폐가 있다. 1616년 재판에서 고발 사유와 1632년 가을 특별위원회의 보고는 갈릴레오의 주장이 『성서』의 기술과 어긋난다고 비난했던 게 사실이다.

그러나 이 특별위원회의 기소 사유는 수정되었다. 판결문에서는 갈릴레오가 『성서』와 어긋나는 의견을 주장하지 않았고, 그때까지 '자신에게 내려진 금지 명령'을 위반했다는 게 직접적 유죄 사유였다. 갈릴레오의 눈앞에서 진행된 재판에서는 명령 위반이 있었는지를 따지는 데 논쟁의 초점이 맞추어졌다.

실질적으로 갈릴레오를 고발했던 당사자인 우르바노 8세가 『천문대화』에서 지지했던 의견이 『성서』의 기술과 어긋난다고 강조하지 않았다는 사실에 주목해야 한다. 1632년 가을, 교황의 감정적 언동으로 예상할 수 있는 것과는 달리, 그는 1632년 9월 11일 니콜리니와의 알현 자리에서 "신앙이 심각한 위기에 직면해 있으며, 우리는 과학적 문제를 논하지 않고 『성서』와 종교, 신앙을 논해야 한다"고 말했다고 니콜리니가 전했다. 즉, 갈릴레오 재판을 천동설과 지동설 중 어느 주장이 옳은가를 따지는 천문학 이론으로 타협한다는 '수학적 문제'가 아니라 기독교를 위기에 빠뜨리는 종교적 문제로 간주했다.

1630년 2월 9일, 교황의 우려를 구체적으로 보여주는 의견이 제시되었다. 프란체스코 바르베리니가 카스텔리니에게 이야기했던, 만약 지구가 정말로 움직인다면 "지구는 행성으로 간주해서는 안

될 뿐 아니라 신학의 진리를 크게 훼손한다"는 견해다. 그가 『성서』의 기술과 크게 어긋난다고 말하지 않고 "신학의 진리를 크게 훼손한다"고 말했다는 부분에 주목할 가치가 있다.

지구가 우주의 중심이 아니라 다른 행성과 같은 지위로 격하된다면 지구에 사는 인간의 지위도 마찬가지로 추락하게 된다. 『성서』에서는 인간은 특별한 존재로 하느님의 모습을 본떠 창조된 피조물이라고 본다. 우리 인간은 우주의 중심에 있는 천상에 계신 하느님께서 끊임없이 보살펴주시고 하느님을 믿는 신앙 덕분에 죽으면 천국에 가서 살거나, 반대로 땅속 싶은 곳에 있는 지옥으로 떨어지기도 한다. 불안을 숙명으로 안고 살아가는 인간이라는 이 위태로운 존재는 신앙이 있기에 비로소 평온함을 얻을 수 있다.

이러한 사고방식이 천동설이 보여주는 지구 중심 우주관에 설득력을 부여한다. 지동설은 몇 세기에 걸쳐 사람들이 믿어온 기독교의 근간을 토대부터 뒤흔들어 산산이 무너뜨리는 주장인 셈이다.

1620년 금서목록성성의 포고가 그러했듯, 『성서』의 기술과 명백하게 어긋나는 태양의 정지를 큰 문제로 삼지 않고 지구의 운동이 심각한 문제로 떠올랐던 것도 이러한 이유에서 비롯되었다. 갈릴레오가 지동설, 특히 지구의 운동이 의미하는 바를 교황과 바르베리니와 마찬가지로 통찰했다고는 생각할 수 없다.

재판에서도 지동설이 기독교에 가져올 심각한 문제를 다루지 않았다. 이단 심문관 중 어느 정도가 이 문제의 심각성을 깨달았는지 알 수 없다. 이단 심문관들 역시 교황의 우려를 재판 주제로 삼아 과학적 발견이 종교에 미치는 위험성을 철저하게 논하기보다 이 재판을 명령 위반으로 보고 종결시키는 게 현명하다고 생각했던 모양이다. 그러나 갈릴레오에게 주어진 무기한 투옥이라는 형의 무게는 명령 위반을 벌하는 정도를 훨씬 웃도는 중형이었다.

실제로 교황과 바르베리니의 우려가 옳았음을 이후 역사가 보여준다. 프랑스 철학자 르네 데카르트는 갈릴레오의 재판 결과를 보고, 이미 집필했던 『세계론』이 지동설을 인정하는 내용이었기에 출판을 중단했다. 하지만 1637년에 『방법서설』을 출간하며, 데카르트는 책 속에서 신이 "뒤죽박죽의 혼돈 상태인 카오스를 만든 다음 자연에게 자신의 통상적인 협력만을 베풀면서 자신이 확립한 법칙에 따라 자연이 움직이게 하는 일 말고는 아무것도 하지 않는다"라고 소리 높여 선언했다(르네 데카르트 『방법서설』 제5장 자연학적 문제들 중 ― 옮긴이). 즉 종교는 물질세계에 개입해서는 안 되며, 자연 연구는 과학에 양보해야 한다는 주장이다.

갈릴레오가 『분석자』(Il Saggiatore)라는 책 속에서 자연을 『성서』와 비등한 또 한 권의 책으로 비유했듯 신이 우주를 창조했을 때 정립한 법칙을 탐구해 신의 우주 창조 계획이 얼마나 완벽했는지, 다시 말해 신의 위대함을 증명할 수 있다. 만약 기독교가 데카르트의 주장에 따른다면 『성서』의 해석에 머물지 않고 교리 대부분을 수정해야 한다. 또 신의 기적은 일어날 수 없는 불가능한 사건이 된다. 그러므로 기독교가 데카르트의 주장을 받아들일 리가 없었다. 종교가 과학 발전의 걸림돌이라고 비난하는 사람들이 나타나 종교가 과학과 대립 구도를 보이는 것은 이보다 더 나중의 일이다.

⚜ "그래도 지구는 돈다!"

갈릴레오가 재판 결과에 순순히 승복하지 않았다는 사실을 전해주는 일화가 남아 있다. 재판 직후에 "그래도 지구는 돈다"라고 혼잣말했다는 이야기다. 너무나 유명해 그 발언의 진실성을 의심하는 경우조차 드물다. 로마 교회의 압력에 굴하지 않고 진실을 꿋꿋이 주장했던 영웅 과학자 갈릴레오 갈릴레이라는 이미지를 굳히는 데 결정적 역할을 한 대사다.

갈릴레오의 한마디는 종교와 과학의 대립 구도를 널리 알리는 데 이바지하기도 했다. 이 한마디는 후대 사람들이 갈릴레오 재판 결과를 어떻게 받아들일지 생각할 때도 중요한 역할을 했다. 우리는 이 대사가 어떻게 만들어지고 어떻게 전해졌는지 검토해야 한다.

이 일화는 갈릴레오 자신의 글 속에서도, 그가 만년에 제자로 길렀던 비비아니가 집필한 최초의 전기에도 등장하지 않는다. 또 1638년 7월에 아르체트리를 방문한 영국 시인 존 밀턴은 갈릴레오 재판이 촉발된 1644년에 『아레오파기티카: 허가받지 않고 인쇄할 자유를 위해 영국 의회에 보내는 존 밀턴 의 글(Areopagitica)』을 출간하는데, 그 책에도 이 유명한 일화는 등장하지 않는다.

이 일화는 토리노에서 태어나 영국에서 장기 체류했던 주세페 바레티(Giuseppe Varetti)가 1757년에 출간한 『이탈리아 도서관(Italian Library)』에서 갑작스럽게 튀어나온다. 책에는 "그 유명한 갈릴레오는 지구가 돈다고 말해 6년간 조사를 받고 고문을 당했다. 그는 자유의 몸이 되자마자 하늘을 우러르고 땅을 내려다보고 발을 구르며 말없이 생각하다, Eppur si m(u)ove, 지구를 손가락으로 가리키며, 그래도 돈다고 말했다"라는 문장이 등장한다(정확히는 '지구'라는 주어는 없다).

일단 갈릴레오가 "6년간 조사를 받고 고문을 당했다"라는 주장은 사실과 다르다. 말 그대로 자유의 몸이 되었다는 표현도 옳지 않다. 따라서 이 이야기를 그대로 믿기에는 의문이 남는다.

그런데 이 책이 나오고 몇 년 뒤에 비슷한 일화를 전하는 책이 출간된다. 수도원장이라는 저자명만 있는 익명의 인물이 1761년에 프랑스어로 집필한 『문학 논쟁』이라는 책이다. 그 책에는 "자유의 몸이 되자 갈릴레오는 곧장 자책감에 사로잡혔다. 그는 땅바닥을 내려다보고, 발을 구르며 말했다. 그래도 돈다(E pur si m(u)ove)"라는 구절이 실려 있다.

갈릴레오가 세기의 명대사를 중얼거렸던 상황을 두고 이 두 권의 책이 이야기하는 내용은 땅바닥을 바라보며 발로 찼다는 부분에서는 일치하지만 세부적인 묘사는 미묘하게 차이가 난다. 또 의

미는 같아도 발음하면 거의 차이가 없다고 하지만, 이탈리아어 표기도 미묘하게 다르다. 그러므로 나중에 출간된 수도원장이 먼저 나온 바레티의 책을 인용했다고 단정할 수 없다. 또한 이 두 권의 책보다 앞선 세 번째 출처가 충분히 존재할 가능성이 있다. 두 저자 모두 이 일화의 출처를 밝히지 않았고, 지금까지 다른 정보원도 찾지 못했다.

이 일화를 전해주는 두 권의 책 모두 18세기 중반에 출간되었다는 사실은 결코 우연이 아니다. 이미 뉴턴의 만유인력 법칙으로 태양 주위를 도는, 지구를 포함한 여러 행성의 운동이 설명되었고, 누구에게나 지동설이 확고한 진실로 받아들여졌다. 이와 같은 과학의 발전을 배경으로 삼아 18세기부터 갈릴레오는 기독교와 싸운 영웅으로 숭배받게 되었다.

데카르트 이후 프랑스 지식인들의 활약이 이러한 변화의 움직임과 관계되어 있다. "그래도 지구는 돈다"라는 일화를 역사적 사건으로 발돋움시켜주는 사건이 20세기 초에 일어났다. 바로 『국정판 갈릴레오 갈릴레오 전집』을 편찬했던 안토니오 파바로가 1911년에 이 일화를 전했다.

벨기에에 거주하던 어느 개인이 소장하고 있던 그림이 복원을 위해 세상에 나왔다. 화가의 서명은 흐릿해서 판독하기 어려웠지만, 감정가들은 스페인 출신 화가 무리요(Bartolomé Esteban Perez Murillo, 1617~1682)의 작품으로 추정되었다. 제작 연대도 불명확했지만 희미하게나마 1645년이라는 숫자를 식별할 수 있었다.

소실된 『감옥의 갈릴레오』(무리요의 작품으로 추정)

그림은 감옥에 갇힌 갈릴레오를 그린 작품이다. 그림 속 갈릴레오는 마치 못처럼 생긴 물건을 손에 들고 벽에 무언가를 적어 넣고 있는 모습으로 묘사되었다. 그림을 액자에서 분리했더니 숨겨져 있던 부분에 지구가 도는 타원이 그려져 있고, 그 중심에 태양이 표시되어 있었다. 놀랍게도, 그림 제일 아랫부분에 'E pur si m(u)ove'라는 문구가 보였다. 이 그림은 18년 뒤 출간된 존 조셉 포이(J. J.Fahie)의 『Memorials of Galileo Galilei(1564~1642)』에 소개된다.

책에 따르면, 그 그림은 액자 틀에 남아 있는 상표로 보건대 피콜로미니(Piccolomini) 가문이 소장하고 있던 작품임을 알 수 있다. 재판 후의 갈릴레오를 시에나에서 돌봐준 대주교 아스카니오 피콜로미니의 남동생이자 군인으로 스페인 마드리드에 살던 옥타비오 피콜로미니(Ottavio Piccolomini)가 무리요에게 의뢰했다고 추정했다. 옥타비오는 1645년 무렵에 플랑드르에 주둔하던 스페인군 총사령관이었기에 이 그림이 벨기에에 있었다는 사실과도 개연성이 있다. 이 이야기가 사실이라면 갈릴레오가 유명한 대사를 중얼거렸던 순간은 재판 직후인 로마에서가 아니라 시에나에 머물던 무렵으로, 옥타비오는 시에나의 친척에게 그 이야기를 전해 들은 셈이다.

이 책에는 그림을 찍은 사진이 실려 있다. 그러나 안타깝게도 그림을 원래 액자에 다시 끼워 넣은 뒤에 찍은 사진이라 갈릴레오가 그렸다는 그림과 문제의 문구는 찍혀 있지 않다. 게다가 이 그림은 다시 우리 눈앞에서 자취를 감추었기에 그 진위를 확인할 방도도 없다.

그러나 갈릴레오는 감옥에 갇힌 적이 없다. 만약 그림 속의 갈릴레오가 감옥에 있지 않더라도 검사성성의 벽에 그와 같은 낙서를 했다고는 생각할 수 없기에 그림의 소재가 되었던 일화가 갈릴레오 자신의 입에서 나왔다고는 생각하기 어렵다. 또 갈릴레오가 그 대사를 중얼거렸다는 상황도 앞에 소개한 두 권의 책과 상당히 다르다. 그러므로 갈릴레오의 명대사가 이 그림이 시발점이 되어 퍼진 일화라고는 단정하기 어려워 보인다.

어쨌든 갈릴레오가 "그래도 지구는 돈다"라고 혼잣말했다는 이야기는 18세기 유럽 사람들의 소망을 반영해 몽매한 가톨릭교회에 항거하며 진실을 주장하고 과감하게 싸웠던 영웅 과학자에게 어울리는 일화로 널리 퍼졌다.

✤ 남아 있는 논쟁

현대를 사는 우리는 갈릴레오 재판을 냉정하고 객관적으로 바라보지 못하게 되었다. 우리는 천동설이 틀렸고, 지동설이 옳다는 사실을 이미 알고 있기 때문이다. 아리스토텔레스와 프톨레마이오스 이후 내려온 고대 우주관을 맹목적으로 신봉하던 로마 교회로 대표되는 종교인과 당당하게 맞서 싸웠던 갈릴레오 갈릴레이. 이러한 고정관념을 깨끗이 씻어내고 냉철한 시선으로 갈릴레오 재판을 바라보아야 한다는 조건을 내걸면 객관성을 유지해야 하는 연구 작업이 한층 까다로워진다.

"그래도 지구는 돈다"라는 유명한 대사도 갈릴레오의 영웅적 모습을 우리의 뇌리에 각인하는 데 일조했다. 갈릴레오에게 덧씌워진 이미지는 귀족과 성직자들이 지배하던 '적과 흑'의 시대를 개혁하고자 했던 프랑스 계몽주의자들 역시 공유했으리라(프랑스 소설가 스탕달의 『적과 흑』에서 유래한 말. 적(赤)은 나폴레옹 군대의 붉은색 군복색으로 자유주의를 상징하며, 흑(黑)은 성직자가 걸친 사제복의 색으로 복고주의를 의미한다 ─ 옮긴이)

19세기 초에 1616년과 1633년의 재판을 프랑스어로 읽을 수 있게 된 배경도 잊지 않고 살펴보아야 한다. 그러나 안타깝게도 우리는 악의로 똘똘 뭉친 페베이가 남긴 문서밖에 볼 수 없다. 엎친 데 덮친 격으로 수많은 오류를 포함한 적요 보고서만 남아 있었다는 사실도 로마 교회가 갈릴레오를 탄압했다는 인상을 확신으로 바꾸어 놓았다.

동시에 프랑스어로 번역된 1613년 12월의 갈릴레오가 카스텔리에게 보낸 편지와 비교하면 당시 사람들에게는 갈릴레오의 정당성은 의심할 여지가 없는 사실로 받아들여졌다고 볼 수 있다.

비록 제한된 연구자이기는 하지만 갈릴레오의 재판 기록이 공개된 시기는 19세기 후반이 되면서부터다. 그 후 안토니오 파바로 (Antonio Favaro)가 편찬한 『국정판 갈릴레오 갈릴레이 전집』에 수록된 재판 기록을 포함해 갈릴레오와 관련된 문서와 편지가 다수 공개되었다. 동시에 법정 밖에 무성한 소문을 읽을 수 있게 되었다.

갈릴레오에 대해 무언가를 논하려고 하면 방대한 자료 속에서 필요한 증거를 취사선택해 독자에게 제공해야 마땅하다. 하지만 로마 교회는 법을 왜곡하면서까지 불합리하게 갈릴레오를 탄압했다는 기존의 각본을 그대로 믿거나 예수회를 중심으로 한 종교인이 『성서』를 무기로 휘둘러 갈릴레오를 유죄로 몰아넣었다는 고정관념을 버리지 못한다면 법정 밖에서의 알력이나 음모를 전하는 자료를 선별하는 데 애를 먹게 마련이다. 잘못된 색안경을 쓰고 자료를 바라보면 갈릴레오의 파란만장한 인생을 그리는 데 딱 맞는 이야깃거리만 눈에 들어온다. 여태까지 갈릴레오 재판을 논한 몇몇 책은 그러한 경향이 두드러졌다.

암약했던 사람들이 없었더라면 자자한 소문이 진실을 가려 전하지 못했다고 주장하는 게 아니다. 법정 밖에서의 사건에서 눈을 돌려 검사성성의 공적 문서를 중심으로 읽어 나가다 보면 입에서 입으로 전해져 우리에게 주입되어 선입관으로 굳어진 이야기와는 다른 각본이 눈에 들어오기 시작한다.

이 책은 첫 장과 마지막 장을 제외하고, 재판 진행에 초점을 맞추고 법정 밖에서의 사건에 대해서는 재판과 밀접한 관련이 있다고 여겨질 때만 다루었다. 그 결과, 갈릴레오 재판은 일반적인 종교재판과 비교해(물론, 일반적인 종교재판이 어떤 식으로 진행되었는지 완벽하게 알 수는 없지만) 심각한 변칙성 없이 진행되었다. 법을 왜곡했다거나 음모의 희생양이었다는 평가가 개입할 여지는 거의 없다.

잘못된 진영과 올바른 진영의 싸움이 있었고, 잘못된 측의 주장은 모조리 틀렸으며, 올바른 측의 주장은 무엇이든 옳다는 식의 단순한 구도 속에서 사태가 진행되었다고는 볼 수 없다. 양측 모두 자신이 믿는 바를 주장했지만, 당시 사회와 시대를 지배하는 측의 승리로 끝났다는 게 진상이다. 물론 결과만 놓고 보면, 잘못된 측인 로마 교회가 옳은 주장을 했던 갈릴레오를 불합리하게 탄압하고 과학 발전을 저해했다는 사실은 부정하기 어렵다.

그러나 양 진영 모두 기독교를 믿는 독실한 신자였다는 공통분모를 가지고 있다. 한쪽은 해는 동쪽에서 떠서 서쪽으로 진다는 소박하게 자연을 이해하는 관점(다만 아리스토텔레스가 철학의 경지로 끌어올리고, 프톨레마이오스가 실용적인 달력을 만들게 되었다) 위에 세워진 기독교라는 종교를 지키고자 했다. 또 다른 쪽에 섰던 갈릴레오는 과학이 나날이 밝혀가는 새로운 자연에 대한 이해를 받아들이지 않으면 언젠가 기독교라는 종교 자체에 위기가 찾아온다고 생각했다. 애석하게도 갈릴레오의 노력에도 당시 과학은 보수적인 사람들, 다시 말해 일상 경험의 세계에서 벗어나지 못했던 사람들을 설득할 수 있는 수준의 무기를 보유하지 못했다.

주요 등장인물

멜키오르 인코퍼 Melchior Inchofer, 1584~1648년

오스트리아 출신으로, 로마에서 공부했다. 1607년 예수회에 들어가, 1616년부터 1629년까지 메시나(Messina)에서 철학과 수학을 가르쳤다. 갈릴레오 재판 직후 그의 유죄 판결을 정당화하는 책을 출간했다.

클레멘테 에디지 Clemente Egidi, 1575~1639년경

이탈리아 중부의 몬테팔코(Montefalco)에서 태어난 프란치스코회(Ordo Fratrum Minorum) 신부. 1626년부터 1636년까지 피렌체에서 이단 심문관을 맡았다.

아고스티노 오레조 Agostino Oreggi, 1577~1635년

에밀리아로마냐(Emilia-Romagna) 지방의 산타소피아(Santa Sofia) 출신. 로마 기숙학교에서 이후 로마 라 사피엔차 대학교(Sapienza - Università di Roma)에서 교육을 받고 법학과 신학 박사학위를 동시에 취득했다. 마패오 바르베리니가 추기경 시절에 바르베리니 직속 신학자로 봉직했고, 바르베리니는 오레조를 '나의 항구적인 신학자'라고 불렀다.

베네데토 카스텔리 Benedeto Gastelli, 1577~1543년

롬바르디아 지방 브레시아(Brescia)가 고향으로, 1595년에 베네딕도회(Ordo Sancti Benedicti)에 들어갔다. 파도바대학교에서 갈릴레오의 가르침을 받은 후, 1613년에 피사대학교 수학 교수로 부임했다. 1626년 우르바노 8세의 부름을 받아 로마로 입성, 교황령의 치수 사업을 맡았고, 동시에 교황의 두 조카의 가정교사가 되었다. 갈릴레오 재판 직후 로마를 떠나, 재판이 종료될 때까지 로마로 돌아오지 않았다.

라우비디오 자키아 Laudivio Zacchia, 1565년경~1637년

제노바 출신. 교황 클레멘스 8세의 재무관리를 담당하다가 1626년에 이단 심문관으로 취임했다.

미켈란젤로 세기치 Michelangelo Seghizzi, 1565~1625년

롬바르디아 지방의 로디(Lodi) 출신 도미니코회 신부. 1603년에 크레모나(Cremona), 1609년 밀라노(Milano) 지방 이단 심문관이 되었다. 1615년 검사성성 총주임 자리에 오르지만, 재직 기간은 8개월에 불과하다.

조반니 참폴리 Giovanni Ciampoli. 1589 또는 90년~1643년

피렌체에서 태어나 갈릴레오의 열렬한 후원자 역할을 했다. 볼로냐 시절, 마패오 바르베리니에게 재능을 인정받아 그의 개인 비서로 발탁되었다. 이후 교황 그레고리오 15세의 조카인 도비시(Ludovisi) 추기경의 비호하에 로마로 옮겨와 우르바노 8세를 포함한 역대 교황을 모셨다. 1632년에 몬탈토(Montalto) 총감으로 좌천된 이후, 노르차(Norcia), 산세베리노(San Severino) 등 각지를 전전하다가 마지막 부임지였던 예지(Jesi)에서 숨을 거두었다.

페데리코 체시 Federico Cesi, 1585~1630년

16세기부터 17세기에 걸쳐 네 명의 추기경을 배출한 명문가의 장남으로 로마에서 태어났다. 몬티첼리(Monticelli) 공작 칭호를 얻어 부친 사후에 아쿠아스파르타(Acquasparta) 공이 되었다. 1630년에 린체이 아카데미를 창설하고, 재산의 상당 부분을 아카데미에 쏟아부어 갈릴레오의 『태양흑점론』 등의 출판을 후원했다.

안드레아 촐리 Andrea Cioli, 1573~1641년

토스카나 대공국령 코르토나(Cortona)에서 태어나 1623년 토스카나 대공국 총리 자리에 올랐다.

프란체스코 니콜리니 Francesco Niccolini, 1548~1640년

성직자가 되고 싶었지만, 아버지가 돌아가신 후 리카르디의 고종사촌이던 카테리나 디 프란체스코 리카르디(Caterina di Francesco Ricciardi)와 결혼했다. 1622년부터 1643년까지 로마 주재 토스카나 대사를 역임했다.

자카리아 파스쿠알리고 Zaccaria Pasqualigo, ?~1664년

신학과 법학 교육을 받은 후, 1616년에 테아티노(Theatines = 카예타누스(Cajetanus, 또는 카예타노) 수도회에 들어갔다. 17세기의 대표적인 신학자 중 한 사람으로, 수많은 저서를 출간했지만 그 중 몇 권은 금서목록에 올랐다.

안토니오 바르베리니 Antonio Marcello Barberini, 1569~1646년

교황 우르바노 8세의 남동생으로, 프란시스코회에서 갈라져 나와 1515년에 설립된 카푸친 작은 형제회(Order of Friars Minor Capuchin) 소속 수사. 교단 내에서는 엄격한 인물로 알려졌다. 형이 교황이 된 이듬해에 추기경이 되었다.

프란체스코 바르베리니 Francesco Barberini, 1597~1679년

교황 우르바노 8세의 조카로, 로마 기숙학교에서 신학과 법학을 공부하고 카스텔리에게 개인 수업을 받았다. 삼촌이 교황으로 선출된 직후에 추기경 서품을 받았다.

마패오 바르베리니(교황 우르바노 8세) Maffeo Barberini, 1568~1644년

피렌체 출신으로 예수회 학교에서 교육받았다. 1604년부터 1607년까지 프랑스 주재 교황 사절로 부임하며 평생 프랑스에 대한 친근감을 가지게 되었다. 사절을 맡았던 1606년에 추기경 서품을 받았고, 1623년에 교황으로 선출되었다.

쿠르치오 피케나 Curzio Picchena, 1553~1626년

토스카나 대공국령 산지미냐노(San Gimignano) 출신. 1601년부터 1613년까지 토스카나 대공 비서를 역임한 후 토스카나 대공국 총리가 되었다.

로베르토 벨라르미노 Robertus Bellarminus, 1542~1621년

본문 제4장 참조.

가스파레 보르히아 Gaspar de Borja y Velasco, 1582년경~1645년

예수회 소속 사제인 성 보르히아(Saint Francis Borgia)의 손자로, 스페인의 간디아 공작(Duke of Gandía)의 아들. 신학자로 교육받고, 1611년에 추기경 서품을 받았다. 1616년부터 1619년까지, 1631년부터 1634년까지 교황청 주재 스페인 대사를 맡았다.

빈첸초 마쿨라노 Vincenzo Maculano, 1578~1667년

본문 제6장 참조.

메디치 가문의 페르디난도 2세 Ferdinando II de' Medici, 1610~1670년

아버지인 코시모 2세(Cosimo II de' Medici)의 뒤를 이어 1621년에 토스카나 대공 자리에 올랐다. 갈릴레오를 수석 수학자 겸 철학자로 임명했던 아버지의 유지를 이어 갈릴레오의 직위를 유지해주었다. 성인이 되는 16628년까지 할머니인 크리스티나(Christina of Lorraine)와 어머니인 마리아 마달레나(Maria Maddalena d'Austria)가 섭정을 맡았다.

이폴리토 란치 Ippolito Maria Lanci, 1571년경~1634년

롬바르디아 지방의 아쿠아네그라(Acquanegra)에서 태어난 도미니코회 신부. 크레모나와 밀라노의 이단 심문관을 거친 후, 1621년에 검사성성 주임으로 취임했다.

니콜로 리카르디 Niccolò Riccardi, 1585~1639년

제노바 출신 도미니코 수도회 소속 신학자. 스페인에서 공부한 후, 로마 산타마리아 소프라 미네르바 수도원에서 교편을 잡았다. 1618년에 검사성성 고문이 되었고, 이 시기 갈릴레오의 『분석자』 검열을 맡았다. 1629년에 검사성성 장관 자리에 올랐다. 그의 장례 미사는 멜키오르 인코퍼가 집전했다.

니콜로 로리니 Niccolò Lorini, 1544년경~1617년 이후

도미니코회에서 총회장(Preacher General) 자리에 올라, 토스카나 대공 직속 설교자를 겸임했다. 논쟁을 좋아하는 다혈질의 불같은 성격으로, 1583년에 피렌체 교구에서 설교 금지 처분을 받았고, 1602년에는 예수회 설교사를 공격해 추방당했다.

근대 초기 과학의 역사를 다루려고 하면 모종의 딜레마에 빠지게 된다. 한편 현대 과학은 갈릴레오 갈릴레이부터 아이작 뉴턴에 이르기까지 17세기 유럽에서 태어났다는 주장이 정설로 받아들여진다. 요컨대, 근대 과학은 기독교 세계의 산물이라는 뜻으로 해석할 수도 있다. 그러나 한편에서는 기독교는 갈릴레오를 탄압하고 과학의 발전을 저해했다는 지적을 피할 수 없다.

갈릴레오 재판을 과학과 종교의 대결로 바라보면 이야기는 단순하고 이해하기 쉬워지지만, 현대 과학이 기독교 세계에서 탄생했다는 주장을 뒷받침하는 설명으로는 석연치 않다. 기독교가 상황에 따라 다르게 대응했다고는 생각할 수 없으므로 이러한 딜레마를 해소하려면 당시 문헌을 부지런히 뒤지는 수밖에 없다.

본문에서도 다루지만, 갈릴레오에 대해서는 안토니오 파바로가 19세기 말부터 20세기 초에 걸쳐 편찬한『국정판 갈릴레오 갈릴레이 전집』(참고문헌 첫 번째)이 지금도 기본적인 자료집의 지위를 유지하고 있다. 아쉽게도, 이 전집은 갈릴레오 재판에는 아주 작은 분량만 할애한다. 연구자로서는 빠진 자료가 있을지 모른다는 불안감에 시달린다. 파바로가 재판 자료를 못 보고 놓쳤는지, 재판 기록을 덮친 가혹한 운명 탓인지 알 길이 없다.

바티칸 비밀문서관장 세르지오 파가노(Sergio M. Pagano)가 1984년에 출간한『갈릴레오 갈릴레이 재판자료집』(참고문헌 두 번째)은 파바로의『전집』에 없었던 두 번의 총집회 의사록(1616년 2월 25일과 1633년 6월 16일 의사록)을 포함해 여섯 개의 문서를 추가했다. 다만 이 자료집에는 중대한 문제가 있었다. 1633년에 갈릴레오에게 내려진 판결문과 그의 이단 단절 서약문이 빠져 있기 때문이다. 1755년에 지동설 관련 서적을 금서목록에서 배제할지 말지를 검토하는 자료이기에 검사성성의 1633년 파일에서 따로 빼내 다른 파일로 옮겼다는 게 이유다. 이 자료는 파바로의 『전집』에 이미 수록되어 있어 존재가 알려져 있었다. 공개된 자료를 일부러 빼놓았을지 모른다는 의구심이 생기면 자료집의 완성도가 의심스러워진다.

1998년, 검사성성의 후신인 신앙교리성 문서고의 문이 연구자에게 활짝 열렸다. 기꺼이 탐색에 뛰어든 연구자들 덕분에 미공표 집회 의사록과 편지가 발견되어 공개되었다. 그때까지 공표되지 않았던 건 음모나 공작 때문이 아니다. 자료를 찾아놓고 내용상 공표 후의 파장이 두려워 은폐를 시도해서가 아니라 그저 문서관리가 허술했기 때문이다.

새로 발견된 자료를 덧붙여 증보판으로 『갈릴레오 갈릴레이 재판 바티칸 자료집』(참고문헌 세 번째)이 같은 편집자의 손에 의해 2009년에 세상에 나왔다. 이 책은 3부로 구성되어 있는데, 제1부에는 바티칸 비밀문서고에 있던 자료를 수록했고, 판결문과 이단 단절 맹세문이 이 부분에 포함되어 있다. 제2부는 신앙교리성의 갈릴레오 재판 관련 문서로, 1998년 이후 발견된 여덟 차례의 집회 의사록과 네 통의 편지를 포함한 문서가 이 부분에 추가되었다. 제3부는 바티칸 도서관에서 소장하고 있던 13통의 편지로 구성되어 있다. 파바로의 『전집』에서 불분명한 줄임말로 표기된 용어가, 새로 나온 책에서는 정확한 철자로 수정되었다. 이 정도면 갈릴레오 재판 관련 문서는 충분히 마련되었다.

재판이 있은 지 400년 가까이 지난 후에야 비로소 갈릴레오의 신변에 무슨 일이 일어났는지 본격적으로 고찰할 수 있는 환경이 갖추어진 셈이다. 벌써 몇십 년이나 전에 과학사를 업으로 삼겠다는 목표를 세우고 아오키 세조 선생님의 연구실 문을 두드렸을 때부터 갈릴레오 갈릴레이라는 사람에 흥미를 갖고 있었다. 아오키 선생님은 이미 이와나미문고에서 『천문대화』 번역을 맡으셨고, 이와나미신서에서 『갈릴레오 갈릴레이』라는 책을 내셨다. 당시부터 책 첫머리에서 밝힌 딜레마에 대해서도 마찬가지였지만, 갈릴레오 재판을 보고 마음에 걸리는 미심쩍은 부분이 있었다.

1616년 특별위원회의 답신이 지구의 운동과 태양의 정지를 따로따로 논했다는 점, 1633년 판결 다음 날에 교황이 감형 명령을 내렸다는 점이다. 이 두 가지 의문점은 기존의 연구로 충분히 설명되지 않는다고 생각했다. 위조된 명령서로 갈릴레오가 유죄 선고를 받았다는 누명설은, 다양한 파벌과 의견이 존재했던 로마 교회라는 관료조직 속에서 그와 같은 무모한 부정이 비밀리에 이루어졌으리라고는 믿을 수 없었다. 또 프란체스코 바르베리니 추기경이라는 백마 탄 기사가 홀연히 등장해 용감하게 갈릴레오를 지키려 했다. 그러나 그에게 내려진 유죄 판결을 뒤집어엎을 수 없었다는 각본도 흥미롭지만 납득이 가는 설명은 불가능하다.

자료집이 출간된 계기로, 갈릴레오 재판에 내 나름대로 열심히 매달려 해답을 찾아내고자 했던 게 이 책을 집필한 동기다. 이 책이 갈릴레오와 그의 재판에 대한 이해의 깊이를 더하는 실마리를 제공할 수 있기를 바란다.

마지막으로 구상 단계부터 이 책 내용에 귀중한 의견을 주신 가나자와 공업대학교 준교수 나쓰메 겐이치, 그리고 원고를 꼼꼼히 읽고 적절한 조언을 해주신 이와나미서점 신서 편집부의 지바 가쓰히코 씨에게 진심으로 감사한다.

2015년 7월

다나카 이치로

주요 참고문헌

Annibale Fantoli, 『The Case of Galileo』, Univ of Notre Dame Pr, 2012
Galileo and the Church』, Arcade Publishing, 2012
John L. Heilbron, 『Galileo』 Oxford University Press, 2010
Thomas F. Mayer, 『The Roman Inquisition: A Papal Bureaucracy and Its Laws in the Age
of Galileo』, University of Pennsylvania Press, 2013
Thomas F. Mayer, 『The Trial of Galileo, 1612-1633』, Univ of Toronto Pr Higher education,
2012
Wade Rowland, 『Galileo's Mistake: A New Look at the Epic Confrontation between
Galileo and the Church』, Arcade Publishing, 2012

일본어 자료 및 참고문헌

갈릴레오 갈릴레이 지음, 곤노 다케오·히다 세쓰지 옮김, 『신과학대화 상·하』, 이와나미쇼텐,
1995
갈릴레오 갈릴레이 지음, 아오키 세조 옮김, 『천문대화 상·하』, 이와나미쇼텐, 1959
갈릴레오 갈릴레이 지음, 야마다 게지·다니 유타카 옮김, 『시데레우스 눈치우스: 갈릴레이의 천
문노트』, 이와나미쇼텐, 1976
다나카 이치로 지음, 『갈릴레오 - 비호자들의 그물 속에서』, 주오고론사, 1995
도요다 도시유키 엮음, 『세계의 명저 21 - 갈릴레오』, 주오고론사, 1973
아오키 세조 지음, 『갈릴레오 갈릴레이』, 이와나미쇼텐, 1965
아오키 세조 지음, 『갈릴레오의 길』, 헤이본사, 1980
아오키 세조 지음, 『세계의 사상가 6 - 갈릴레오』, 헤이본사, 1976
이토 타로 지음, 『인류의 지적 유산 31 - 갈릴레오』, 고단샤, 1985
Andrea Battistini, 『Galileo e i gesuiti. Miti letterari e retorica della scienza』, Milano, 2000
Annibale Fantoli, 『Galileo and the Catholic Church: A Critique of the "Closure" of the
Galileo Commission's Work』, FROM VATICAN OBSERVA, 2002
Annibale Fantoli, 『Galileo Revised Ed: For Copernicanism & the Church』, Vatican
Observatory Fnd Ndup 2nd. Revised ed. edition, 1994

Antonino Poppi, 『Cremonini e Galilei inquisiti a Padova nel 1604』, Padova, 1992

Bernard Vinaty·Paul Poupard, 『Galileo Galilei』, Desclée international, 1983

Ernan Mcmullin, 『The Church and Galileo』, University of Notre Dame, 2005

Francesco Beretta, 『Un nuovo documento sul processo di Galileo Galilei - LA LETTERA DI VINCENZO MACULANO DEL 22 APRILE 1633 AL CARDINALE FRANCESCO BARBERINI, Nuncius, 16』, pp. 629-641, 2001

Giorgio de Santillana, 『The crime of Galileo』, University of Chicago Press, 1955

John Lewis, 『Galileo in France: French Reactions to the Theories and Trial of Galileo』,

Jules Speller, Peter Lang GmbH, 『Galileo's Inquisition Trial Revisited』, Internationaler Verlag der Wissenschaften New edition edition, 2008

Mario Biagioli, 『Galileo, Courtier: The Practice of Science in the Culture of Absolutism』, Univ. of Chicago Pr., 1994

Maurice A. Finocchiaro, 『Retrying Galileo, 1633-992』, Berkeley, 2005

María Luisa Righini Bonelli, 『Vita di Galileo』, Nardini: Centro internazionale del libro, 1974

Marziano Guglielminetti·Mariarosa Masoero, 『Lettere e prose inedite (o parzialmente edite) di Giovanni Ciampoli』, Studi secenteschi, 1978, pp. 131-237

Owen Chadwick, 『Catholicism and History: The Opening of the Vatican Archives』, Cambridge University Press, 2009

Owen Gingerich, 『The Book Nobody Read: Chasing the Revolutions of Nicolaus Copernicus』, Arrow Books Ltd, 2005

Peter Lang Inc., International Academic Publishers, 2006

Richard J. Blackwell, 『Behind the Scenes at Galileo's Trial』, University of Notre Dame Press, 2008

Stillman Drake, 『Galileo at Work』, Chicago, 1978

William R. Shea, Mariano Artigas, 『Galileo in Rome: The Rise and Fall of a Troublesome Genius』, Oxford University Press, 2003

'머리말'에서 다룬 교황 요한 바오로 2세의 1979년 강연이 수록되어 있다. 이 책의 프랑스어판, 영어판은 각각 1983년과 1987년에 출간되었다. 교황의 1992년 강연은 http://w2.vatican.va/content/vatican/it.html 자료실에서 읽을 수 있다. 교황의 두 개의 강연과 갈릴레오 사건 조사 위원회 보고에는 일본어 번역이 있다. 잡지 《미스즈》 1993년 8월호, 24-26페이지

Antonio Favaro, 『Scampoli galileiani』, Lint, 1992

Italo Mereu, 『Storia dell'intolleranza in Europa』, Milano, 1988

Jerome J. Langford, 『Galileo, Science and the Church』, University of Michigan Press, 1992

Maurice A. Finocchiaro, 『The Galileo Affair: A Documentary History』, Berkeley, 1989

Olaf Pedersen, 『Galileo and the Council of Trent』, Specola vaticana, 1991

Richard S. Westfall, 『Essays on the Trial of Galileo』, Univ of Notre Dame Pr., 1991

주요 참고문헌

갈릴레오 전기와 연구서는 물론, 갈릴레오 재판을 다룬 연구서는 차고 넘칠 정도로 출간되었다. 이 책을 집필하며 참고한 책만 해도, 너무 많아 전부 기재할 수 없을 정도다. 따라서 인용 문헌을 중심으로 이 책의 내용에 밀접하게 관련된 책만 추려서 정리했다.

갈릴레오 재판 자료 등

Abbé Irailh, 『Querelles littéraires』, Paris, 1761

Antonio Favaro, edizione nazionale, 『Le opere di Galileo Galilei』, Firenze, 1890-1909

Fra Nicolau Eymerich, 『Manuale dell'inquisitore A. D. 1374, a cura di Rino Cammilleri』, Casale Monferrato, 1984

Giuseppe Baretti, 『The Italian library』, London, 1757

John Joseph Fahie, 『Galileo: His Life And Work』, New York, 1903

John Joseph Fahie, 『Memorials of Galileo Galilei, 1564-1642』, Leamington, 1929

Michele Cioni, 『I documenti galileiani del S. Uffizio di Firenze』, Archivio arcivescovile di Firenze, Firenze, 1908

Robert Bellarmine, 『The Louvain Lectures(Lectiones Lovanienses) of Bellarmine and the autograph copy of his 1616 Declaration to Galileo』, trans. by Ugo Baldini, George V. Coyne, Città del Vaticano, 1984

Sergio Pagan, 『I documenti vaticani del processo di Galileo Galilei(1611-1741)』, Archivio Segreto Vaticano, 2009

Sergio Pagano, 『I documenti vaticani del processo di Galileo Galilei』, Collectanea Archivi Vaticani, 1984

연구자·연구 문헌

Antonio Favaro, 『E pur si muove』, Giornale d'Italia, Anno XI, n. 192(12 Luglio 1911), pp. 3-6

400년 전, 그 법정에서는 무슨 일이 있었나?

1판 1쇄 발행 2018년 8월 3일

지은이 다나카 이치로
옮긴이 서수지
펴낸이 이재두
펴낸곳 사람과나무사이
등록번호 2014년 9월 23일(제2014-000177호)
주소 경기도 고양시 일산서구 강선로 141, 1602동 1504호
전화 (031)815-7176 **팩스** (031)601-6181
이메일 jaedoori@hanmail.net
블로그 http://blog.naver.com/saram_namu
페이스북 https://www.facebook.com/saramnamusai/
디자인 박대성
외부 기획 홍성민

ISBN 979-11-88635-11-5 03900

잘못된 책은 구입하신 곳에서 바꾸어 드립니다.

이 도서의 국립중앙도서관 출판예정도서목록(CIP)은 서지정보유통지원시스템 홈페이지
(http://seoji.nl.go.kr)와 국가자료공동목록시스템(http://www.nl.go.kr/kolisnet)에서
이용하실 수 있습니다.(CIP제어번호 : CIP2018022648)